L'ESPRIT DE NOËL

PAPE FRANÇOIS

L'ESPRIT DE NOËL

Fraternité, tendresse, générosité

Sous la direction de
NATALE BENAZZI

Traduit de l'italien par Sylvie Del Cotto

Michel LAFON

La Bible de référence utilisée pour la présente édition de cet ouvrage est la traduction de la Bible publiée chez Bayard en 2001.

Titre original : *Buon Natale. La Via della festa*
Pape François

118, avenue Achille-Peretti – CS 70024
92521 Neuilly-sur-Seine Cedex

www.michel-lafon.com

Noël, c'est toi

Noël, c'est toi
quand tu décides de renaître chaque jour
et de laisser Dieu pénétrer ton âme.

Le sapin de Noël, c'est toi
quand tu résistes vigoureusement
aux vents et aux obstacles de la vie.

Les décorations de Noël, c'est toi
quand tes vertus sont les couleurs
qui ornent ta vie.

La cloche qui sonne Noël, c'est toi
quand tu invites à se rassembler,
et tentes de réunir.

Tu es aussi la lumière de Noël
quand tu éclaires de ta présence
le chemin des autres
par ta bonté, ta patience, ta joie et ta générosité.

Les anges de Noël, c'est toi
quand tu chantes au monde
un message de paix, de justice et d'amour.

L'étoile de Noël, c'est toi
quand tu conduis quelqu'un
à la rencontre du Seigneur.

Tu es aussi les Rois mages,
quand tu offres ce que tu possèdes de mieux
sans tenir compte de celui à qui tu donnes.

La musique de Noël, c'est toi
quand tu conquiers l'harmonie qui est en toi.

Le cadeau de Noël, c'est toi
quand tu te comportes en véritable ami,
en frère avec tous les êtres humains.

Les vœux de Noël, c'est toi
quand tu pardonnes et rétablis la paix,
même si tu souffres.

Le réveillon de Noël, c'est toi
quand tu rassasies de pain et d'espérance
le pauvre qui est auprès de toi.

Tu es la nuit de Noël
quand, humble et éveillé, tu reçois
dans le silence de la nuit
le Sauveur du monde
sans bruit ni grande célébration ;
tu es le sourire confiant et tendre
de la paix intérieure d'un Noël éternel
qui instaure son royaume en toi.

Joyeux Noël à tous ceux
qui se reconnaissent dans l'esprit de Noël[1].

---

1. Texte prononcé lors d'une homélie.

Prophétie d'une étoile

« Le Verbe s'est fait chair,
s'est marginalisé
pour apporter le salut
aux exclus. »

Homélie, Sainte-Marthe, 19 décembre 2014

Attendre Noël

De la même manière qu'au cours de la vie il arrive à chacun de nous de devoir repartir, se relever, retrouver le but de notre existence, la grande famille humaine a besoin de constamment renouveler l'horizon commun vers lequel nous marchons. *L'horizon de l'espérance !* C'est cela qui aide à cheminer vers Noël. Le temps de l'Avent, que nous entamons à nouveau aujourd'hui, nous rappelle à l'horizon de l'espérance, une espérance qui ne déçoit pas puisqu'elle est fondée sur la parole de Dieu. Une espérance qui ne déçoit pas, simplement parce que le Seigneur ne déçoit jamais ! Il est fidèle ! Il ne déçoit pas ! Nous pensons et ressentons cette beauté.

Homélie, 1er décembre 2013

Apprendre à étreindre

Étreindre, étreindre. Nous avons tous besoin d'apprendre à étreindre. Mais étreindre ne suffit pas. Tendons la main à celui qui est en difficulté, qui s'est égaré, peut-être sans savoir comment, et disons-lui : tu peux te relever, tu peux retrouver ton chemin. C'est difficile, mais c'est possible si tu le veux.

Discours, 24 juillet 2013

Le marché local du cœur

Depuis toujours, notre cœur a des désirs, des envies, des pensées : mais viennent-ils du Seigneur ? Ces questions ne nous éloignent-elles pas de lui ? À cela, l'apôtre répond : mettez à l'épreuve toutes vos pensées, tous vos sentiments, tous vos désirs. Si cela va dans le sens du Seigneur, tout va bien ; sinon…

Il est nécessaire « d'évaluer les esprits pour s'assurer qu'ils proviennent véritablement de Dieu, car beaucoup de faux prophètes sont venus dans le monde ». (Cf. 1 Jn 3, 22 ; 4, 6)

Le cœur est animé par tant d'émotions différentes. Un peu comme sur un marché local où l'on trouve de tout. Mais comment savoir ce qui vient du Christ ? C'est très simple : si ce que tu désires ou ce que tu penses suit la voie de l'incarnation du Verbe, du Seigneur fait chair, cela vient de Dieu. À l'inverse, si cela ne suit pas cette voie, alors cela ne vient pas de Dieu. Si une pensée ou une envie te conduit sur la route de l'humilité, de l'abaissement, de l'entraide, elle vient de Jésus ; mais si elle te mène sur la voie de la suffisance, de la vanité, de l'orgueil ou d'une pensée abstraite, cela ne vient pas de Jésus.

Homélie, Sainte-Marthe, 18 décembre 2014

Le bon plat de la vie

Quand tu prépares un bon plat, si tu vois qu'il manque de sel, alors tu « mets » du sel. S'il manque d'huile, tu « mets » de l'huile. « Mettre », c'est-à-dire déposer, verser. Il en va de même dans votre vie ; si vous voulez l'emplir de sens et de plénitude, comme vous le désirez et le méritez, je dis à tous et à chacun d'entre vous :

- *« Mets la foi »,* et ta vie aura une saveur nouvelle. Tu auras une boussole pour t'indiquer la direction.
- *« Mets l'espérance »,* et chaque jour de ta vie sera illuminé. Ton horizon cessera d'être sombre et deviendra lumineux.
- *« Mets l'amour »,* et ton existence sera comme une maison construite sur le roc. Tu avanceras dans la joie, car tu rencontreras de nombreux amis pour t'accompagner.

Mets la foi,
Mets l'espérance,
Mets l'amour !

- *« Mets le Christ »* dans ta vie, et tu trouveras un ami en qui tu pourras toujours avoir confiance.
- *« Mets le Christ »,* et tu verras croître les ailes de l'espérance pour parcourir le chemin de l'avenir dans la joie.
- *« Mets le Christ »,* et ta vie sera emplie de son amour. Ce sera une vie féconde. Car nous désirons tous avoir une vie féconde, une vie qui transmette la vie aux autres !

- « *Mets le Christ* » dans ta vie. En ces jours, il t'attend : écoute-le avec attention et sa présence enthousiasmera ton cœur.
- « *Mets le Christ* » : il t'accueille dans le sacrement du pardon, et sa miséricorde soigne toutes les blessures du péché. N'aie pas peur de demander pardon à Dieu, car dans son grand amour il ne se lasse jamais de pardonner, comme un père aimant. Dieu est pure miséricorde !
- « *Mets le Christ* » : il t'attend dans l'eucharistie, sacrement de sa présence, de son sacrifice d'amour ; il t'attend aussi dans l'humanité de tant de jeunes qui t'enrichiront de leur amitié, qui t'encourageront de leur témoignage de foi, qui t'enseigneront le langage de l'amour, de la bonté et du service.

Toi aussi tu peux être un témoin joyeux de son amour, un témoin courageux de son Évangile, afin d'apporter un peu de lumière dans notre monde. Laisse-toi trouver par Jésus, laisse-toi aimer par Jésus. Il est un ami qui ne déçoit pas.

Homélie, 25 juillet 2013

Un pèlerinage universel

Quelle direction notre chemin doit-il suivre ? Existe-t-il un but commun ? Et quel est ce but ? Le Seigneur nous répond à travers le prophète Isaïe et nous dit ceci :

« Dans la suite des jours
se tiendra la montagne
de la maison de Yhwh
inébranlablement en tête des montagnes
dominant les collines
et vers elles afflueront toutes les nations
et des peuples nombreux marcheront et diront :
marchez, montons vers la montagne de Yhwh,
la maison du Dieu de Jacob,
il va nous indiquer sa voie
nous marcherons sur son sentier ». (Is 2, 2-3)

Voilà ce que dit Isaïe sur le but de notre marche. *C'est un pèlerinage universel vers un but commun*, qui est Jérusalem dans l'Ancien Testament, d'où s'élève la maison du Seigneur, parce que c'est de là, de Jérusalem, qu'est venue la révélation de la volonté de Dieu et de sa loi.

La révélation a trouvé en *Jésus-Christ* son accomplissement, et « la maison du Seigneur » est devenue lui-même, le Verbe fait chair : il est notre guide et le but de notre pèlerinage, du pèlerinage de tout le peuple de Dieu. Grâce à sa lumière, les autres peuples pourront aussi avancer vers le Royaume de la justice, vers le Royaume de la paix.

Homélie, 1er décembre 2013

Que se passe-t-il dans mon cœur ?

Pensons à cela aujourd'hui. Cela nous fera du bien. Que se passe-t-il dans mon cœur ? À quoi je pense ?

Qu'est-ce que je ressens ? J'y prête attention ou j'attends que ça passe, puisque rien ne dure ? Est-ce que je sais ce que je veux ? Dois-je mettre à l'épreuve ce que je veux, ce que je désire ? Ou bien je prends tout ? Mes chers amis, ne croyez pas en n'importe quel esprit ; mettez les esprits à l'épreuve...

Homélie, Sainte-Marthe, 18 décembre 2014

Vides et bosses

Je pense à tous ceux qui sont opprimés par la souffrance, l'injustice et les abus. À tous ceux qui sont esclaves du pouvoir, de l'argent, du succès, de la mondanité. Les pauvres ! Leur consolation est factice, ils ne reçoivent pas la vraie consolation du Seigneur ! Nous sommes tous appelés à consoler nos frères, en témoignant que seul Dieu peut éliminer les causes des drames existentiels et spirituels. Il peut le faire ! Il est puissant !

Le prophète Isaïe s'adresse à notre cœur pour nous dire que Dieu oublie nos péchés et nous console. Si nous nous tournons vers lui le cœur humble et repenti, il abattra les murs du mal, il comblera les vides causés par nos négligences, il lissera les bosses de l'orgueil et de la vanité et il ouvrira la voie de notre rencontre avec lui.

Angélus, 7 décembre 2014

Marie attend dans la crèche

À partir de l'infertilité, le Seigneur est capable d'engendrer une nouvelle descendance, une nouvelle vie : c'est le message d'aujourd'hui. Quand l'humanité est épuisée, qu'elle ne peut plus avancer, alors la grâce arrive et le Fils vient, amenant avec lui le salut. Et cette création consumée laisse la place à la nouvelle création que nous pourrions appeler une « re-création ».

Considérons l'histoire de la stérilité du peuple de Dieu, et toutes les histoires dans celle de l'Église qui ont rendu celle-ci infructueuse, et demandons au Seigneur, aujourd'hui, tout en contemplant la crèche, la grâce de la fécondité de l'Église. Que l'Église soit avant tout une mère, comme Marie : une mère !

Homélie, Sainte-Marthe, 19 décembre 2014

Besoin de consolation

Laissons l'invitation d'Isaïe résonner dans notre cœur : « Consolez, consolez mon peuple. » Aujourd'hui, nous avons besoin de témoins de la miséricorde et de la tendresse du Seigneur, car il secoue les résignés, il ranime ceux qui doutent, il allume le feu de l'espérance. C'est lui qui allume le feu de l'espérance ! Pas nous. Le message d'Isaïe est un baume pour nos blessures, un encouragement à préparer activement la voie du Seigneur.

Angélus, 7 décembre 2014

Faire confiance à Dieu

Quand nous serons à même de dire au Seigneur : « Seigneur, voici mes péchés. Pas ceux de celui-ci ou de celui-là. Ce sont les miens. Prends-les, toi. Comme cela, je serai sauvé », alors nous verrons quel beau peuple, un peuple humble et pauvre a confiance dans le nom du Seigneur.

Homélie, Sainte-Marthe, 16 décembre 2014

Le cœur et la banane

On ne négocie pas le cœur, on ne marchande pas le roc. Le roc est le Christ, ce n'est pas négociable ! C'est le drame de l'hypocrisie de certains. Jésus n'a jamais négocié son cœur de Fils. Il est resté ouvert aux autres, et a continué de chercher un chemin pour les aider.

Quelquefois, il m'est arrivé de voir un chrétien, ou une chrétienne, avec le cœur faible et aussi dur qu'un roc. Alors je me suis arrêté pour demander au Seigneur : jette-lui une peau de banane pour qu'il fasse une belle glissade, et qu'il ait honte d'être pécheur. Ainsi, il pourra te rencontrer, toi qui es le Sauveur.

Homélie, Sainte-Marthe, 15 décembre 2014

La racine de Jessé

Jésus ne vient pas en capitaine, en général de l'armée, en gouverneur puissant. Il vient comme une pousse : « Ce jour-là se dressera la racine de Jessé. » (Is 11, 1-10) Il est une pousse, il est humble, il est clément, et il est venu pour les humbles, pour les cléments, apporter le salut aux malades, aux pauvres, aux opprimés, comme il le dit lui-même dans le quatrième chapitre de Luc, alors qu'il se trouve à la synagogue de Nazareth. Jésus est venu pour les exclus : il s'est marginalisé, il a considéré qu'être égal à Dieu est une valeur non négociable. Somme toute, il s'est humilié lui-même, il s'est soumis. Il s'est exclu pour nous offrir le mystère du Père et le sien.

Homélie, Sainte-Marthe, 2 décembre 2014

Le messager de la consolation

Isaïe s'adresse à ceux qui ont traversé une période obscure, qui ont vécu une épreuve très difficile. Mais le temps de la consolation est arrivé. La tristesse et la peur peuvent faire place à la joie, car le Seigneur guidera lui-même son peuple sur la voie de la libération et du salut. Comment y parviendra-t-il ? Avec la sollicitude et la tendresse d'un berger qui prend soin de son troupeau. Il renforcera l'unité et la sécurité de son troupeau, il le fera paître, il rassemblera les brebis égarées et les mettra à l'abri dans sa bergerie, il réservera une attention particulière aux plus faibles et aux plus démunis. C'est l'attitude de Dieu envers nous, ses créatures. Ainsi le prophète invite ceux qui l'écoutent – y compris nous aujourd'hui – à diffuser ce message d'espérance à tout le peuple : le Seigneur vous console. Accueillez la consolation qui vient du Seigneur.

Angélus, 7 décembre 2014

La vie est un chemin

Notre vie est un chemin, et nous devons emprunter ce chemin pour atteindre la montagne du Seigneur, à la rencontre de Jésus. Rencontrer Jésus est ce qui peut arriver de plus important à un individu : cette rencontre avec Jésus qui nous aime, qui nous a sauvés, qui a donné sa vie pour nous. Rencontrer Jésus. Nous marchons à la rencontre de Jésus.

Nous cheminons ainsi dans la vie, comme le dit le prophète, vers la montagne, jusqu'au jour de la rencontre finale, où nous pourrons voir le beau regard de Jésus, son si beau regard. C'est cela, la vie chrétienne : marcher, avancer, unis, comme des frères, en s'aimant les uns les autres. Rencontrer Jésus.

Homélie, 1er décembre 2013

Les pèlerins et les errants

Marcher. Ce verbe fait penser au cours de l'histoire, à ce long chemin qu'est l'histoire du salut, et qui commence avec Abraham, notre père dans la foi, que le Seigneur appela un jour à partir, à quitter son pays pour aller vers la terre qu'il lui avait indiquée. Dès lors, notre identité de croyants est celle de pèlerins qui marchent vers la Terre promise. Cette histoire est toujours accompagnée par le Seigneur ! Il reste fidèle à son pacte et à ses promesses. Parce qu'il est fidèle, « et la lumière brille à travers lui, la nuit ne l'a pas saisie ». (Jn 1, 5) En revanche, le peuple alterne les moments de lumière et de ténèbres, de fidélité et d'infidélité, d'obéissance et de rébellion ; des moments où il est pèlerin et des moments où il est errant.

De même, dans notre histoire personnelle, nous alternons les moments lumineux et les obscurs, de lumière et d'ombre. Quand nous aimons Dieu et ses frères, nous marchons dans la lumière ; mais quand notre cœur se ferme, quand nous nous laissons dominer par l'orgueil, le mensonge et la recherche de l'intérêt personnel, les ténèbres descendent nous envahir. « Celui qui déteste son frère est dans le noir, écrit l'apôtre Jean, il marche dans le noir sans savoir où il va, les yeux aveuglés de noir. » (1 Jn 2, 11) Un peuple en marche, mais un peuple pèlerin qui ne veut pas être un peuple errant.

Homélie, 24 décembre 2013

Le mystère de l'Incarnation

On ne connaît la grandeur du mystère de Dieu qu'à travers celui de Jésus, et le mystère de Jésus parle précisément de s'abaisser, de s'annihiler, de s'humilier, un mystère qui apporte le salut aux pauvres, à ceux qui sont détruits par tant de maladies, qui ont péché dans des situations difficiles.

En dehors de ce cadre, on ne peut pas comprendre le mystère de Jésus, on ne peut pas comprendre l'onction du Saint-Esprit qui le fait se réjouir (Cf. Lc 10, 21-24) dans la louange du Père, et qui le conduit à évangéliser les pauvres, les exclus.

Nous demandons au Seigneur de nous rapprocher toujours plus de son mystère, et de le faire sur la route qu'il veut que nous suivions : la voie de l'humilité, la voie de la douceur, la voie de la pauvreté, celle sur laquelle nous nous sentons pécheurs. C'est ainsi qu'il vient nous sauver, nous libérer.

Homélie, Sainte-Marthe, 2 décembre 2014

Femmes pèlerines

En Marie, fille de Sion, s'accomplit la longue histoire de la foi de l'Ancien Testament, à travers le récit de la vie de nombreuses femmes fidèles, à commencer par Sarah. Des femmes qui, à côté des patriarches, étaient le lieu où la promesse de Dieu s'accomplissait, et où la vie nouvelle s'épanouissait. À la plénitude des temps, la parole de Dieu s'est adressée à Marie, qui l'a accueillie avec tout son être, dans son cœur, pour qu'elle prenne chair en elle et naisse comme la lumière pour les hommes. Saint Justin martyr, dans son *Dialogue avec Tryphon*, emploie cette belle expression par laquelle il dit que Marie, en acceptant le message de l'Ange, a conçu « foi et joie ». En effet, en la mère de Jésus, la foi s'est montrée riche en fruits, et quand notre vie spirituelle porte ses fruits, nous sommes emplis de joie. C'est le signe le plus clair de la grandeur de la foi. Dans sa vie, Marie a accompli le pèlerinage de la foi en suivant son Fils. Ainsi, en Marie, l'engagement sur le chemin de foi de l'Ancien Testament s'accomplit en suivant Jésus et en se laissant transformer par lui, en entrant dans le regard même du Fils de Dieu incarné.

Lumen fidei, n° 58

Un monde paralytique

L'évangile de la guérison du paralytique nous présente le Christ, vainqueur de la paralysie de l'humanité. Il nous décrit le pouvoir de la miséricorde divine qui pardonne et dissout les péchés dès lors qu'il rencontre une foi authentique. Les paralysés de la conscience sont contagieux. Avec la complicité de la pauvreté de l'histoire et de notre péché, ils peuvent se développer pour intégrer les structures sociales et les communautés, au point de mettre fin à des peuples entiers. Mais le commandement du Christ peut retourner la situation : « Lève-toi et marche ! » Que l'hostilité et la division cessent pour toujours. Que reprennent rapidement les accords de paix, souvent paralysés par des intérêts contradictoires et obscurs. Que de réelles garanties de libertés religieuses soient enfin accordées à tous, ainsi que le droit des chrétiens à vivre sereinement là où ils sont nés, dans la patrie qu'ils aiment en tant que citoyens depuis deux mille ans, pour contribuer comme toujours au bien de tous… Et continuons d'avancer, en cherchant le Seigneur, en cherchant de nouvelles routes, de nouvelles voies qui nous rapprochent de lui. Et s'il le faut, perçons un trou dans le toit pour nous rapprocher tous du Seigneur, pour que notre imagination créatrice de la charité nous mène à cela : trouver et montrer la voie de la rencontre, la route de la fraternité, la route de la paix.

Pour notre part, nous désirons « glorifier Dieu », en remplaçant la peur par l'émerveillement : aujourd'hui encore, nous pouvons voir des « choses prodigieuses ». Le prodige de l'incarnation du Verbe et, par conséquent, de la proximité absolue de Dieu avec l'humanité, dans laquelle nous projette le mystère de l'Avent.

Homélie, 9 décembre 2013

La fidélité de Dieu

La joie chrétienne, comme l'espérance, a son fondement dans la fidélité de Dieu, dans la certitude qu'il tient toujours ses promesses. Le prophète Isaïe exhorte ceux qui ont perdu leur chemin et le courage de croire en la fidélité du Seigneur, car le salut ne tardera pas à faire irruption dans leur vie. Ceux qui ont rencontré Jésus sur leur chemin connaissent dans leur cœur une sérénité et une joie dont rien ni personne ne pourra les priver. Notre joie est Jésus-Christ, son amour fidèle et inépuisable ! Ainsi, quand un chrétien devient triste, c'est qu'il s'est éloigné de Jésus. Mais il ne faut pas le laisser seul alors ! Nous devons prier pour lui, et lui faire ressentir la chaleur de la communauté.

Angélus, 15 décembre 2013

Dieu fait route avec nous

« Garder l'espérance. » Le texte de *l'Apocalypse 12* présente une scène dramatique : une femme – figure de Marie et de l'Église – est poursuivie par un dragon – le diable – qui veut dévorer son fils. Ce n'est pas une scène de mort mais de vie, car Dieu intervient et met l'Enfant en sécurité. Les obstacles sont nombreux dans l'existence de chacun, dans celle de nos proches, au sein de notre communauté, mais si énormes soient-ils, Dieu ne nous laisse jamais nous noyer. Face au découragement qui nous menace et qui risque de gagner ceux qui œuvrent pour l'évangélisation ou qui s'efforcent de vivre la foi en tant que père et mère de famille, je voudrais dire haut et fort : « Gardez toujours cette certitude dans votre cœur : Dieu marche à vos côtés, à aucun moment il ne vous abandonne ! Ne perdez jamais espoir ! Ne l'éteignez jamais dans votre cœur ! Le “dragon”, le mal, fait peut-être partie de notre histoire, mais il n'est pas le plus fort. Le plus fort, c'est Dieu, et Dieu est notre espérance ! »

Homélie, 24 juillet 2013

L'Esprit consolateur

C'est curieux, nous avons souvent peur de la consolation, d'être consolés. Nous nous sentons plus en sécurité dans la tristesse et la désolation. Savez-vous pourquoi ? Car dans la tristesse, nous nous sentons presque acteur. En revanche, dans la consolation, c'est l'Esprit Saint, le protagoniste ! C'est lui qui nous console, lui qui nous donne le courage de sortir de nous-même. C'est lui, le Père, qui nous mène à la réelle consolation. C'est cela, la conversion. S'il vous plaît, laissez-vous consoler par le Seigneur ! Laissez-vous consoler par le Seigneur !

Angélus, 7 décembre 2014

Aux cœurs égarés

Le troisième dimanche de l'Avent, également appelé dimanche de *Gaudete*, est le jour de la joie. Dans la liturgie résonne plusieurs fois l'invitation à la joie, l'invitation à se réjouir. Pourquoi ? Parce que le Seigneur est proche. Noël est proche. Le message chrétien s'appelle « Évangile », c'est-à-dire « bonne nouvelle », une annonce de joie pour tout le peuple. L'Église n'est pas un refuge pour les gens tristes, l'Église est la maison de la joie ! Et ceux qui se sentent tristes trouvent en elle la joie, ils trouvent en elle la véritable joie !

Mais la joie de l'Évangile n'est pas quelconque ni injustifiée. Elle vient du sentiment d'être accueilli et aimé de Dieu. Comme le prophète Isaïe nous le rappelle : « Aux cœurs égarés, dites : Courage, n'ayez crainte ! » Dieu est celui qui vient nous sauver, et il apporte plus particulièrement son secours aux cœurs égarés. Sa venue parmi nous fortifie, stimule, donne du courage, fait exulter et fleurir le désert et la steppe, c'est-à-dire notre vie quand elle devient aride. Et quand notre vie devient-elle aride ? Quand elle est privée de l'eau de la parole de Dieu et de son esprit d'amour.

Angélus, 15 décembre 2013

La maison de la joie

Le cœur de l'homme désire la joie. Nous désirons tous la joie ; chaque famille, chaque peuple aspire au bonheur. Mais quelle est cette joie que le chrétien est appelé à vivre et à témoigner ? C'est celle qui vient de la *proximité de Dieu*, de sa *présence* dans notre vie. Depuis que Jésus est entré dans l'histoire, en naissant à Bethléem, l'humanité a reçu le germe du royaume de Dieu, comme un terrain reçoit la semence, la promesse d'une récolte à venir. Il n'est plus nécessaire de chercher ailleurs ! Jésus est venu apporter la joie à tous et pour toujours. Il ne s'agit pas d'une joie seulement espérée ou reportée au paradis : ici, sur terre, nous sommes tristes, mais au paradis nous serons joyeux. Non ! Ce n'est pas cette joie-là. Cette joie est bien réelle et l'on peut en faire l'expérience dès à présent, parce que *Jésus lui-même est notre joie*, et avec Jésus la joie est là. Comme le dit votre écriteau : « Avec Jésus, la joie est là. » Disons-le tous ensemble : « Avec Jésus, la joie est là. » Encore une fois : « Avec Jésus, la joie est là. » Et sans Jésus, y a-t-il de la joie ? Non ! Il est vivant, il est le Ressuscité, et il agit en nous et parmi nous par la Parole et les sacrements.

Nous tous, baptisés, enfants de l'Église, nous sommes appelés à accueillir une fois encore la présence de Dieu parmi nous et à aider les autres à la découvrir, ou à la redécouvrir pour ceux qui l'auraient perdue. C'est une très belle mission, semblable à celle de Jean-Baptiste : orienter tout un chacun vers le Christ – pas vers soi-même ! – parce que c'est vers lui que tend le cœur de tout homme qui recherche la joie et le bonheur.

Angélus, 14 décembre 2014

Miser sur l'espérance

Le prophète nous dit aussi :

« Ils battront leurs épées pour s'en faire des socs
leurs lances, pour des serpes
nation contre nation ne lèvera plus l'épée
et l'on n'apprendra plus la guerre ». (Is 2, 4)

Je me permets de répéter ce que dit le prophète, écoutez bien :

« Ils battront leurs épées pour s'en faire des socs
leurs lances, pour des serpes
nation contre nation ne lèvera plus l'épée
et l'on n'apprendra plus la guerre. »

Et quand cela arrivera-t-il ? Quel beau jour ce sera, celui où les armes seront démantelées, pour être transformées en outils de travail ! Quel beau jour ce sera ! Et cela est possible ! Misons sur l'espérance, sur l'espérance de la paix, et ce sera possible !

Homélie, 1er décembre 2013

Tout ce qui est partagé se multiplie

Aucun effort de « pacification » ne sera durable, il n'y aura ni harmonie ni bonheur dans une société qui ignore, qui marginalise et abandonne sur le bas-côté une partie d'elle-même. Une telle société s'appauvrit, tout simplement, et perd même quelque chose d'essentiel pour elle-même. Ne laissons pas, ne laissons pas entrer dans notre cœur la culture de l'exclusion ! Ne laissons pas entrer dans notre cœur la culture de l'exclusion, car nous sommes frères. Personne ne doit être exclu. Ne l'oublions jamais : c'est seulement quand nous sommes capables de partager que nous nous enrichissons véritablement. Tout ce qui se partage se multiplie ! La grandeur d'une société se mesure à la manière dont elle traite les plus nécessiteux, ceux qui n'ont rien d'autre que leur pauvreté !

Discours, 25 juillet 2013

L'Évangile dans la poche

Nous ne pouvons pas être des messagers de la consolation de Dieu si nous n'expérimentons pas d'abord la joie d'être consolés et aimés par lui. Cela arrive en particulier lorsque nous écoutons sa Parole, l'Évangile, que nous devons garder dans la poche : ne l'oublions pas ! L'Évangile, toujours dans notre poche ou dans notre sac, pour le lire continuellement. C'est aussi cela qui apporte la consolation : quand nous sommes en prière silencieuse en sa présence, quand nous le rencontrons dans l'eucharistie ou dans le sacrement du pardon. Tout cela nous console…

Aujourd'hui, nous avons besoin de témoins vivants de la miséricorde et de la tendresse du Seigneur, de ces témoignages qui secouent les résignés, raniment les découragés, allument la flamme de l'espérance. C'est le Seigneur qui allume la flamme de l'espérance ! Pas nous. Tant de situations requièrent notre témoignage de consolation. Soyez des personnes joyeuses, consolées.

Angélus, 7 décembre 2014

Attente et patience

L'origine des ténèbres qui enveloppent le monde se perd dans la nuit des temps. Repensons au moment obscur où le premier crime de l'humanité a été commis, lorsque la main de Caïn, aveuglé par la jalousie, a frappé à mort son frère Abel. (Cf. Gn 4, 8) Ainsi, le cours des siècles a été marqué par la violence, la guerre, la haine et l'oppression. Mais Dieu, qui avait placé ses propres attentes en l'homme fait à son image, attendait. Dieu attendait. Il a tellement attendu qu'il aurait pu renoncer à certains moments. Mais il ne pouvait pas renoncer totalement, il ne pouvait pas se renier lui-même. C'est pourquoi il a continué d'attendre patiemment face à la corruption des hommes et des peuples. La patience de Dieu. Comme il est difficile de comprendre cela : la patience de Dieu envers nous !

Tout au long de l'histoire, la lumière qui perce l'obscurité nous révèle que Dieu est Père, et que sa patience et sa fidélité sont plus fortes que les ténèbres et la corruption. C'est en cela que consiste le message de la nuit de Noël. Dieu ne connaît pas d'accès de colère et d'impatience ; il est toujours là, comme le père de la parabole du fils prodigue, dans l'attente d'apercevoir le retour du fils perdu. Tous les jours, patiemment. La patience de Dieu.

Homélie, 24 décembre 2014

Les « valeurs immatérielles »

De nos jours, un peu tout le monde, y compris nos jeunes, est sensible à l'attrait de nombreuses idoles qui se substituent à Dieu et semblent donner de l'espérance : l'argent, le succès, le pouvoir, le plaisir. Trop souvent, une impression de solitude et de vide gagne le cœur de nombreux individus et pousse ces derniers à rechercher des compensations auprès de ces idoles éphémères. Chers frères et sœurs, soyons des lumières d'espérance ! Portons un regard positif sur la réalité. Encourageons la générosité qui caractérise les jeunes, aidons-les à devenir des acteurs de la construction d'un monde meilleur : ils sont un moteur puissant pour l'Église et pour la société. Ils n'ont pas seulement besoin de *choses* matérielles, ils ont avant tout besoin que nous leur proposions ces valeurs immatérielles que sont le cœur spirituel d'un peuple, la mémoire d'un peuple. Dans ce sanctuaire, qui appartient à la mémoire du Brésil, nous pouvons presque lire ces valeurs : spiritualité, générosité, solidarité, persévérance, fraternité, joie. Autant de valeurs qui trouvent leurs racines les plus profondes dans la foi chrétienne.

Homélie, 24 juillet 2013

On ne frappe pas la foi

La Croix continue de faire scandale. C'est pourtant le seul chemin sûr : celui de la Croix, celui de Jésus, celui de l'incarnation de Jésus. S'il vous plaît, ne « frappez » pas la foi en Jésus-Christ. On peut broyer des oranges, des pommes, des bananes pour en faire des jus ; mais, s'il vous plaît, ne broyez pas la foi pour la consommer « frappée ». La foi est entière, elle ne se malmène pas. C'est la foi en Jésus.

Discours, 25 juillet 2013

L'avenir du monde

La jeunesse est la fenêtre par laquelle l'avenir entre dans le monde. C'est la seule ouverture, donc elle nous impose de grands défis. Notre génération se révélera à la hauteur de la promesse qui réside en chaque jeune quand elle saura lui offrir un espace. Cela signifie lui assurer les conditions matérielles et spirituelles nécessaires à son épanouissement ; lui donner de solides bases sur lesquelles construire sa vie ; garantir sa sécurité et son éducation, afin qu'il devienne ce qu'il est en mesure d'être ; lui transmettre des valeurs profondes pour lesquelles il vaut la peine de vivre ; lui ouvrir un horizon transcendant à la hauteur de sa soif de bonheur authentique et de sa créativité dans le bien ; lui donner en héritage un monde digne de la vie humaine ; réveiller en lui son meilleur potentiel pour qu'il soit acteur de son avenir et conscient de ses responsabilités envers le destin de tous. En adoptant ces comportements, nous anticipons aujourd'hui le futur qui entre par la fenêtre de la jeunesse.

Discours, 22 juillet 2013

Armes et charrues

Le pouvoir du Christ, qui est libération et service, se fait sentir dans nombre de cœurs qui subissent la guerre, les persécutions et la servitude. Qu'avec sa mansuétude, ce pouvoir divin chasse la dureté dans le cœur de tant d'hommes et de femmes plongés dans les mondanités et l'indifférence, dans la globalisation de l'indifférence. Que sa force rédemptrice transforme les armes en charrues, la destruction en créativité, la haine en amour et en tendresse. Ainsi nous pourrons affirmer le cœur joyeux : « Nos yeux ont vu ton salut. »

Message *Urbi et Orbi*, Noël 2014

Marie et Joseph : joies et peines des époux

« Préparons-nous pour Noël,
en pensant que Jésus vient.
Je souhaite que Jésus vienne
dans le cœur de chacun de vous,
qu'il vous bénisse et vous donne
la force
de continuer d'avancer. »

Audience générale, 3 décembre 2014

Vers Bethléem

Préparons-nous à célébrer Noël en contemplant Marie et Joseph : Marie, la femme pleine de grâce qui a eu le courage de s'en remettre entièrement à la parole de Dieu. Joseph, l'homme fidèle et juste qui a préféré croire au Seigneur plutôt que d'écouter les voix du doute et de l'orgueil humain. Avec eux, marchons ensemble vers Bethléem.

Angélus, 22 décembre 2013

La jeune femme de Nazareth

Marie écoute, obéit intérieurement et répond : « Voici la servante du Seigneur : que tout se passe pour moi selon ta Parole. » Le mystère de cette jeune femme de Nazareth, qui est dans le cœur de Dieu, ne nous est pas étranger. Elle n'est pas là et nous ici. Non, nous sommes reliés. De ce fait, Dieu pose son regard d'amour sur tout homme et toute femme ! Avec son nom et son prénom. Son regard d'amour est sur chacun de nous. L'apôtre Paul affirme que Dieu « nous a choisis en lui avant la fondation du monde pour que nous soyons saints et inacusables ». (Ép 1, 4) Nous aussi, depuis toujours, nous sommes choisis par Dieu pour mener une vie sainte, libérée du péché. C'est un projet d'amour que Dieu renouvelle chaque fois que nous nous approchons de lui, notamment lors des sacrements.

Homélie, 8 décembre 2013

L'Immaculée

L'Évangile selon saint Luc nous présente Marie, une jeune femme de Nazareth, petite localité de Galilée à la périphérie de l'Empire romain mais aussi d'Israël. Un petit village. Et pourtant, c'est sur elle, cette jeune femme née dans ce village lointain, que le Seigneur a posé son regard. C'est elle qu'il a choisie comme mère pour son Fils. En vue de cette maternité, Marie a été préservée du péché originel, c'est-à-dire de cette fracture dans la communion avec Dieu, avec les autres et avec la création profondément douloureuse pour tout être humain. Mais cette fracture était guérie d'avance en la mère de celui qui est venu nous libérer de l'esclavage du péché. L'Immaculée est inscrite dans le dessein de Dieu, elle est le fruit de l'amour de Dieu qui sauve le monde.

Homélie, 8 décembre 2013

Attendre le Messie

L'Esprit Saint, présenté dès le début de l'histoire du salut, a déjà opéré en Jésus, au moment de sa conception dans la matrice virginale de Marie de Nazareth, en réalisant l'événement prodigieux de l'Incarnation : « Un souffle saint viendra sur toi et une force du Très-Haut te couvrira d'ombre, dit l'Ange à Marie. Celui qui va naître est saint et sera appelé Fils de Dieu ». (Cf. Lc 1, 35) Ensuite, l'Esprit Saint est intervenu en Siméon et Anne, le jour de la présentation de Jésus au Temple (Cf. Lc 2, 22). Tous deux attendaient le Messie. Tous deux inspirés par l'Esprit Saint ont senti, à la vue du bébé, qu'il était l'attente même du peuple entier. Dans l'attitude prophétique des deux vieillards, s'exprime la joie de la rencontre avec le Rédempteur et s'opère la *préparation* de la rencontre entre le Messie et le peuple.

Homélie, 24 mai 2014

Regard aimant

La Vierge ne s'est jamais éloignée de l'amour : toute sa vie, tout son être a été un « oui » à cet amour, un « oui » à Dieu. Mais cela n'a certainement pas été facile pour elle ! Quand l'Ange lui dit : « Toi que le Seigneur favorise et accompagne » (Lc 1, 28), elle « s'inquiète » parce que, dans son humilité, elle se sent insignifiante devant Dieu. L'Ange la rassure : « N'aie plus peur, Marie. Tu as attiré la faveur de Dieu. Tu seras enceinte et tu accoucheras d'un fils. Nomme-le Jésus. » (v. 30-32) Cette annonce la bouleverse encore plus, aussi parce qu'elle n'est pas encore mariée à Joseph. Mais l'Ange ajoute : « Un souffle saint viendra sur toi [...]. C'est pourquoi celui qui va naître est saint et sera appelé Fils de Dieu. » (v. 35) Marie écoute, obéit intérieurement et répond : « Je suis l'esclave du Seigneur. Qu'il m'arrive selon ce que tu dis. » (v. 38)

En contemplant notre Mère immaculée, toute belle, nous reconnaissons aussi notre destin le plus vrai, notre vocation la plus profonde : être aimés, être transformés par l'amour, être transformés par la beauté de Dieu. Regardons notre Mère, et laissons-la nous regarder, elle qui est notre Mère et qui nous aime tant. Laissons-nous regarder par elle pour apprendre à être plus humbles et assez courageux pour suivre la parole de Dieu, et accueillir son Fils Jésus qui nous prend tendrement dans ses bras et qui, en nous étreignant, nous donne la vie, l'espérance et la paix.

Angélus, 8 décembre 2013

« Me voici »

Portons notre attention sur cette simple jeune femme de Nazareth, au moment où elle accepte le message divin par son « oui ». Recueillons deux aspects essentiels de son attitude qui est pour nous un modèle pour préparer Noël.

Avant tout, sa foi, son attitude de foi, consiste à

écouter la parole de Dieu pour s'abandonner à cette Parole, l'esprit et le cœur entièrement disponibles.

Marie répond ceci à l'Ange : « Je suis l'esclave du Seigneur, qu'il m'arrive selon ce que tu dis. » Dans son « Me voici », plein de foi, Marie ne sait pas sur quels chemins elle devra s'aventurer, quelles souffrances elle devra endurer, quels risques affronter. Mais elle est consciente que c'est la volonté du Seigneur et elle s'en remet entièrement à lui, elle s'abandonne à son amour. C'est cela, la foi de Marie !

Angélus, 21 décembre 2014

La gratuité de Dieu

Deux paroles de Marie me reviennent – la mémoire me fait défaut, je ne sais plus s'il y en a eu d'autres : « Qu'il soit fait en moi... » Oui, bien sûr, elle a demandé des explications à l'Ange, elle voulait comprendre pourquoi elle avait été choisie. Mais elle dit « faire en moi ». Et l'autre phrase, adressée à Cana : « Faites selon ce qu'il vous dira. » Marie n'a jamais voulu être protagoniste. Toute sa vie, elle a été disciple. La première disciple de son fils. Et elle était consciente que tout ce que Dieu avait apporté était strictement gratuit. Consciente de cette gratuité. Ainsi, « qu'il soit fait » signifie « faites » en sorte que se manifeste la gratuité de Dieu.

Homélie, 8 juillet 2015

Les mères qui portent leurs enfants sur leurs épaules

Je suis émue par toutes ces mères qui portent leurs enfants sur leurs épaules, comme le font beaucoup d'entre vous. Elles portent sur elles la vie, l'avenir de leur peuple. Elles portent les raisons de leurs joies, de leurs espérances. Elles portent les fruits bénis de la terre. Elles portent le travail accompli de leurs mains. Des mains qui ont façonné le présent et tissent les aspirations de demain. Mais elles portent aussi sur leurs épaules des désillusions, des chagrins et de l'amertume, l'injustice qui semble sans fin et les cicatrices d'une justice qui ne s'applique pas. Elles portent sur elles la joie et la douleur de leur terre. *Vous* portez la mémoire de votre peuple. Car les peuples ont une mémoire, une mémoire qui se transmet de génération en génération. La mémoire des peuples est en marche.

Homélie, 9 juillet 2015

À son image

Le Seigneur visite chaque jour son Église. Il visite chacun de nous. Et notre âme aussi est à son image : notre âme est à l'image de l'Église. Notre âme est à l'image de Marie.

Homélie, Sainte-Marthe, 23 décembre 2013

Un temps pour dormir et un temps pour agir

Comme saint Joseph après qu'il a un jour écouté la voix de Dieu, nous devons nous tirer du sommeil. Nous devons nous réveiller et agir. (Cf. Rm 13, 11) En famille, nous devons nous lever et agir ! La foi ne nous coupe pas du monde, elle nous intègre davantage. C'est très important ! Nous devons entrer profondément dans le monde, mais par la force de la prière. Chacun de nous, en effet, joue un rôle particulier dans la préparation de la venue du royaume de Dieu dans notre monde.

Tout comme le don de la sainte Famille a été confié à saint Joseph, le don de la famille et son rôle dans le dessein de Dieu nous incombe. Le don de la sainte Famille a été confié à saint Joseph pour qu'il participe à son développement. À chacun d'entre vous et d'entre nous – car moi aussi je suis l'enfant d'une famille –, est confiée la volonté de Dieu afin que nous l'aidions à avancer. L'Ange du Seigneur a révélé à Joseph les dangers qui menaçaient Jésus et Marie, et qui les ont contraints à fuir en Égypte puis à s'établir à Nazareth. De la même manière, à notre époque, Dieu nous appelle à reconnaître les dangers qui menacent nos familles et à protéger celles-ci du mal.

Discours, 16 janvier 2015

Apporter Jésus à tous

Chaque fois que nous prions l'Angélus, nous nous souvenons de l'événement qui a définitivement changé l'histoire des hommes. Quand l'ange Gabriel annonça à Marie qu'elle deviendrait la mère de Jésus, de notre Sauveur, elle, sans comprendre tout à fait la signification de cet appel, s'est confiée à Dieu. Elle a répondu : « Je suis l'esclave du Seigneur. Qu'il m'arrive selon ce que tu dis ». (Lc 1, 38) Mais tout de suite après, qu'a-t-elle fait ? Après avoir reçu la grâce d'être la mère du Verbe incarné, elle n'a pas gardé ce cadeau pour elle. Elle s'est sentie responsable et elle est partie, elle s'est dépêchée de sortir de chez elle pour aller aider sa parente Élisabeth, qui avait besoin de soutien. (Cf. Lc 1, 38-39) Elle a accompli un geste d'amour, de charité, de service concret, en portant Jésus en son sein. Et ce geste, elle s'est hâtée de l'accomplir !

Voilà, chers amis, notre modèle. Celle qui a reçu le don le plus précieux de la part de Dieu, sa première réaction a été de servir et d'apporter Jésus. Demandons à la Vierge de nous aider nous aussi à distribuer la joie du Christ à nos proches, à nos compagnons, à nos amis, à tous. N'ayez jamais peur d'être généreux avec le Christ. Cela n'en vaut pas la peine ! Sortez et avancez avec courage et générosité, afin que tout homme et toute femme puisse rencontrer le Seigneur.

Angélus, 28 juillet 2013

Un ventre béni

Souvenons-nous des paroles par lesquelles Élisabeth prononça sa *bénédiction de la Sainte Vierge* : « Bénie parmi les femmes ! Béni, ce que ton ventre porte ! Comment se fait-il que la mère de mon Seigneur vienne jusqu'à moi ? » (Lc 1, 42-43) Cette bénédiction s'inscrit dans la *continuité de la bénédiction sacerdotale* que Dieu a suggéré à Moïse pour qu'il la transmette à Aron et à tout le peuple : « Yhwh te bénit et te garde / Lumière de Yhwh sur toi / Grâce / Bienveillance de Yhwh sur toi / Paix / Que les prêtres mettent mon nom à moi sur les israélites / Bénis soient-ils. » (Nb 6, 24-27) L'Église se souvient que Marie est la première destinataire de cette bénédiction. En elle, celle-ci trouve son accomplissement : en effet, aucune autre créature n'a vu briller sur elle le visage de Dieu comme Marie, qui a donné un visage humain au Verbe éternel, afin que nous puissions tous le contempler.

Homélie, 1er janvier 2015

Moments difficiles

Réjouis-toi, Marie, réjouis-toi. Devant ce salut, Marie est restée déconcertée et s'est demandé ce que cela signifiait. Elle ne comprenait pas bien ce qui se passait. Mais elle a compris que cela venait de Dieu et elle a dit « oui ». Oui au rêve de Dieu, oui au dessein de Dieu, oui à la volonté de Dieu.

Un « oui » qui, comme nous le savons, ne fut pas du tout facile à vivre. Un « oui » qui ne lui apporta ni privilèges ni distinctions, mais qui, comme le dira Siméon dans sa prophétie : « Toi aussi, une épée te transpercera l'âme ! » (Lc 2, 35) Et comment elle a été touchée ! Pour cela, nous l'aimons tant et nous trouvons en elle une véritable mère qui nous aide à garder foi et espérance dans les situations les plus difficiles. Selon la prophétie de Siméon, cela nous fera du bien de revenir brièvement sur trois moments difficiles de la vie de Marie.

1. *La naissance de Jésus.* « Il n'y avait plus de place pour eux dans l'auberge ». (Lc 2, 7) Ils n'avaient pas de maison, pas de domicile où accueillir leur enfant. Il n'y avait pas de place pour le mettre au monde. Pas de famille proche non plus, ils étaient seuls. L'unique endroit disponible était une étable occupée par des animaux. Et dans sa mémoire, les paroles de l'Ange résonnaient sûrement : « Réjouis-toi, Marie, le Seigneur est avec toi. » Elle aurait pu se demander : où est-il maintenant ?

2. *La fuite en Égypte.* Ils ont dû partir, s'exiler. Là-bas, non seulement ils n'avaient pas de place, pas de famille, mais leurs vies étaient en danger. Ils ont dû fuir en terre étrangère. Ils étaient des migrants persécutés à cause de l'avidité et l'avarice de l'empereur. Là aussi, elle aurait pu se demander : où se trouve ce que l'Ange m'a dit ?

3. *La mort sur la croix.* Pour une mère, il n'y a probablement pas de situation plus difficile à vivre que d'accompagner son enfant à la mort. Ce sont des moments déchirants. Là, nous voyons Marie au pied de la croix, solide, comme toute mère, qui accompagne sans faiblir son fils jusqu'à la mort, et la mort en croix. Et là encore, elle aurait pu se demander : où se trouve ce que l'Ange m'a dit ? Puis nous la voyons réunir les disciples et les soutenir.

Quand nous contemplons sa vie, nous nous sentons compris, entendus. Nous pouvons nous asseoir pour prier et adopter un langage commun dans de nombreuses situations du quotidien. Nous pouvons nous identifier à nombre de situations de sa vie. Lui raconter nos réalités parce qu'elle les comprend.

Homélie, 11 juillet 2015

La tendresse est une révolution

Chaque fois que nous regardons Marie, nous voulons croire en la force révolutionnaire de la tendresse et de l'affection. En elle, nous voyons que l'humilité et la tendresse ne sont pas les vertus des faibles mais des forts, ceux qui n'ont pas besoin de maltraiter les autres pour se sentir importants. En regardant Marie, nous découvrons que celle qui louait Dieu parce qu'« il détrône les souverains » et que « les riches sont congédiés les mains vides » (Lc 1, 52.53) est aussi celle qui nous offre sa chaleur maternelle dans notre quête de justice. Elle est aussi celle qui « retenait soigneusement toutes ces choses et les méditait » (Lc 2, 19). Marie sait reconnaître l'empreinte de l'esprit de Dieu aussi bien dans les grands événements que dans les plus imperceptibles. Elle contemple le mystère de Dieu dans le monde, dans l'histoire et dans la vie quotidienne de chacun et de tous. Elle est aussi bien la femme qui prie et travaille dur à Nazareth que Notre-Dame de la sollicitude, qui quitte son village pour aller aider les autres « sans délai ». Cette dynamique de justice et de tendresse, de contemplation et de marche vers les autres, est ce qui fait d'elle un modèle spirituel d'évangélisation pour l'Église.

Evangelii gaudium, n° 288

Mère-Église

Marie, la première et parfaite disciple de Jésus, la première et parfaite croyante, modèle de l'Église en mouvement, ouvre le chemin de la *maternité de l'Église* et en soutient infailliblement la mission maternelle accordée à tous les hommes. Son témoignage discret et maternel accompagne l'Église depuis les origines. Elle, la mère de Dieu, est aussi la mère de l'Église et, par l'Église, elle est la mère de tous les hommes et de tous les peuples.

Que cette mère douce et dévouée nous obtienne la bénédiction du Seigneur pour toute la famille humaine.

Homélie, 1er janvier 2013

Magnificat !

La Vierge Marie : une très simple jeune femme née dans un petit village, qui porte en son cœur toute l'espérance de Dieu ! En son sein, l'espérance de Dieu a pris chair, s'est faite homme, est devenue histoire : Jésus-Christ. Son Magnificat est le cantique du peuple de Dieu en chemin, et de tous les hommes et de toutes les femmes qui attendent Dieu et croient en la force de sa miséricorde. Laissons-nous conduire par elle, la mère, la maman qui sait nous guider. Laissons-la nous guider en cette période d'attente et de veille active.

Homélie, 1er décembre 2013

Une femme pleine de grâce

Disons trois fois : « Pleine de grâce ! » Tous ensemble : « Pleine de grâce ! Pleine de grâce ! Pleine de grâce ! » Et ainsi, Dieu l'a regardée dès le premier instant dans son dessein d'amour. Il l'a vue belle, pleine de grâce. Elle est belle, notre Mère ! Marie nous soutient tout au long de notre chemin vers Noël, car elle nous apprend à vivre ce temps de l'Avent dans l'attente du Seigneur. Parce que ce temps de l'Avent est l'attente du Seigneur, qui viendra nous rendre visite à tous dans la fête, mais aussi à chacun dans notre cœur. Le Seigneur vient ! Attendons-le !

Nous contemplons notre Mère immaculée, si belle, et nous sommes rappelés à notre destin le plus vrai, à notre vocation la plus intime : être aimés, être transformés par l'amour, être transformés par la beauté de Dieu. Regardons notre Mère, et laissons-nous regarder par elle, parce qu'elle est notre Mère qui nous aime tant. Laissons-nous regarder par elle pour apprendre l'humilité, mais aussi le courage de suivre la parole de Dieu et d'accueillir son fils Jésus qui nous donne vie, espérance et paix en nous prenant tendrement dans ses bras.

Homélie, 8 décembre 2013

Le visage de Marie

Face à l'amour, face à la miséricorde, à la grâce divine répandue dans nos cœurs, une seule conséquence s'impose : la *gratuité*. Parmi nous, personne ne peut acheter le salut ! Le salut est un acte gratuit du Seigneur, un acte gratuit de Dieu qui vient en nous et nous habite. De la même manière que nous avons reçu gratuitement, tout aussi gratuitement nous sommes appelés à donner. (Cf. Mt 10, 8) À l'image de Marie qui, aussitôt après avoir entendu l'annonce de l'Ange, est allée partager le don de la fécondité avec sa cousine Élisabeth. Parce que, si tout nous a été donné, tout doit être redonné. De quelle manière ? En laissant l'Esprit Saint faire de nous un don pour les autres. L'Esprit est un don pour nous, et nous, avec la force de l'Esprit, nous devons être un don pour les autres et laisser l'Esprit Saint faire de nous des instruments d'accueil, des instruments de réconciliation et de pardon. Si nous laissons la grâce du Seigneur transformer notre existence, car la grâce du Seigneur nous transforme, nous ne pourrons garder pour nous la lumière qui vient de son visage, mais nous la laisserons passer afin qu'elle illumine les autres. Apprenons de Marie, qui a constamment gardé le regard fixé sur le Fils, et dont le visage est devenu « le visage qui ressemble le plus au Christ »[1].

Angélus, 8 décembre 2014

1. Dante, *Le Paradis*, XXXII, 87.

Marie, notre espérance

Marie est la mère de l'espérance, l'icône la plus expressive de l'espérance chrétienne. Sa vie entière est une succession d'attitudes d'espérance, à commencer par le « oui » de l'Annonciation. Marie ne savait pas comment elle allait devenir mère, mais elle s'en est remise entièrement au mystère annoncé, et elle est devenue la femme de l'attente et de l'espérance. Puis nous la voyons à Bethléem, où celui qui lui a été annoncé comme le Sauveur d'Israël et le Messie naît dans la pauvreté. Après cela, tandis qu'elle se trouve à Jérusalem pour la présentation au Temple, dans la joie des vieillards Siméon et Anne, survient la promesse d'une épée qui lui transpercerait le cœur et la prophétie d'un signe en butte à la contradiction. Elle se rend compte que la mission et l'identité même du Fils dépassent son statut de mère. Nous arrivons ensuite à l'épisode dans lequel elle retrouve Jésus à Jérusalem et lui demande : « Enfant, pourquoi as-tu agi de cette façon envers nous ? » (Lc 2, 48), et Jésus répond qu'il se soustrait aux préoccupations maternelles et se soumet à la volonté du Père céleste.

Pourtant, malgré toutes ces difficultés et la découverte du dessein de Dieu, l'espérance de la Vierge ne faiblit jamais ! Femme d'espérance.

Nous devons beaucoup à cette mère ! À travers elle, présente à chaque moment de l'histoire du salut, nous trouvons un témoignage fort d'espérance. Elle, mère de l'espérance, nous soutient dans les moments d'obscurité, de difficulté, de découragement, d'apparente défaite ou de véritables défaites humaines. Marie, notre espérance, nous aide à faire de notre vie une offrande bienvenue au Père céleste, et un don de joie à nos frères, une attitude perpétuellement tournée vers l'avenir.

Vêpres, 21 novembre 2013

Femmes qui aiment « se diviser »

Les mères sont l'antidote le plus efficace contre la propagation de l'individualisme égoïste. Le mot « individu » signifie « ce qui est indivisible ». Les mères, au contraire, « se divisent », dès l'instant où elles accueillent un enfant pour le donner au monde et l'élever. Ce sont elles, les mères, qui haïssent le plus la guerre, cette guerre qui tue leurs enfants. Je pense souvent à ces mamans qui reçoivent ce genre de courrier : « Je vous annonce que votre fils est tombé en défendant la patrie… » Pauvres femmes ! Combien souffre une mère ! Ce sont ces mères qui témoignent de la beauté de la vie. L'archevêque Oscar Arnulfo Romero a dit que les mamans vivent un « martyre maternel ». Dans l'homélie des funérailles d'un prêtre assassiné par les escadrons de la mort, il a ainsi fait écho au Concile Vatican II : « Nous devons tous être disposés à mourir pour notre foi, même si le Seigneur ne nous concède pas cet honneur… Donner sa vie ne signifie pas seulement être tué. Donner sa vie, avoir l'esprit de martyre, c'est donner dans le devoir, dans le silence de la vie quotidienne. Donner sa vie petit à petit ? Oui, comme la donne une mère qui, sans crainte, avec la simplicité du martyre maternel, conçoit en son sein un enfant, le met au monde, l'allaite, l'aide à grandir et l'élève avec affection. C'est cela, donner la vie. C'est le martyre. » La citation s'arrête ici. Oui, être mère ne signifie pas seulement mettre un enfant au monde, c'est aussi faire un choix de vie. Que choisit une mère, quel est le choix de vie d'une mère ? Le choix de vie d'une mère est de donner la vie. Un choix grand et beau.

Audience générale, 7 janvier 2015

Ton âme aussi…

L'intime connexion qui unit Marie, l'Église et chaque fidèle, qui, chacun à sa manière, engendre le Christ, est magnifiquement exprimée par le bienheureux Isaac de l'Étoile : « Dans les Saintes Écritures divinement inspirées, ce qu'on entend généralement de l'Église, vierge et mère, s'entend en particulier de la Vierge Marie […]. On peut pareillement dire que chaque âme fidèle est épouse du Verbe de Dieu, mère du Christ, fille et sœur, vierge et mère féconde […]. Le Christ demeura neuf mois dans le sein de Marie. Il demeura dans le tabernacle de la foi de l'Église jusqu'à la fin des siècles. Et, dans la connaissance et dans l'amour de l'âme fidèle, pour les siècles des siècles. »

Evangelii gaudium, n° 286

Le Christ et sa mère sont inséparables

Outre la contemplation du visage de Dieu, nous pouvons aussi le louer et le glorifier comme les bergers, qui sont repartis de Bethléem avec un chant d'action de grâces après avoir vu l'Enfant et sa jeune mère. (Cf. Lc 2, 16) Ils étaient ensemble, comme ils ont été ensemble au Calvaire, parce que le Christ et sa mère sont inséparables : il existe entre eux un lien très étroit, comme entre tout enfant et sa mère. La chair du Christ – qui est la clé de notre salut (Tertullien) – a été tissée dans le sein de Marie. (Cf. Ps 139, 13) Cette inséparabilité s'exprime également par la présence de Marie, choisie pour être la mère du Rédempteur, qui a partagé intimement toute la mission de son fils en restant à ses côtés jusqu'à la fin, sur le calvaire.

Marie est aussi unie à Jésus parce qu'elle a reçu de lui la connaissance du cœur, la connaissance de la foi, nourrie de l'expérience maternelle et du lien intime avec son fils. La Sainte Vierge est la femme de la foi, qui a fait place à Dieu dans son cœur, dans ses projets. Elle est la croyante capable de recevoir dans le don du fils l'avènement de cette « plénitude des temps » (Ga 4, 4) dans laquelle Dieu, en choisissant l'humble voie de l'existence humaine, est entré personnellement dans le sillon de l'histoire du salut. C'est pourquoi on ne peut pas comprendre Jésus sans sa mère.

Homélie, 1er janvier 2015

Deux Mères

Je me sens triste lorsqu'un chrétien me dit non pas qu'il n'aime pas la Vierge mais qu'il n'éprouve pas le besoin de la chercher ou de la prier. Je me souviens d'un jour, il y a presque quarante ans, où j'étais en Belgique, à un congrès. Il y avait un couple de catéchistes, tous deux professeurs d'université, avec leurs enfants, une belle famille. Ils parlaient très bien de Jésus-Christ. À un moment, j'ai dit : « Et la dévotion à la Vierge ? – Mais nous avons dépassé cette étape. Nous connaissons si bien Jésus-Christ que nous n'avons pas besoin de la Vierge. » Une pensée m'a traversé l'esprit et le cœur : « Oh, pauvres orphelins ! » C'est bien cela, non ? Sans la Vierge, un chrétien est orphelin. De la même manière, un chrétien est orphelin sans l'Église. Un chrétien a besoin de ces deux femmes, de ces deux mères, de ces deux vierges : l'Église et la Vierge Marie. Et pour passer le « test » de la juste vocation chrétienne, il est nécessaire de se demander : « Comment se portent mes relations avec ces deux mères ? », avec l'Église Mère et avec Marie Mère. Ce n'est pas une pensée pieuse, non, c'est de la théologie pure. C'est de la théologie. Où en sont mes relations avec l'Église, avec notre mère l'Église, avec la sainte mère l'Église hiérarchique ? Et comment vont mes relations avec la Vierge Marie, qui est ma maman, ma mère ?

Discours, 28 juin 2014

Dieu frappe à la porte en passant

Autre aspect important, la capacité de la mère du Christ à *reconnaître le temps de Dieu.* Marie est celle qui a rendu possible l'incarnation du Fils de Dieu, « dévoilement d'un mystère tenu dans le silence des âges ». (Rm 16, 25) Elle a rendu possible l'incarnation du Verbe grâce à son « oui » humble et courageux. Marie nous apprend à saisir le moment favorable, quand Jésus passe dans notre vie et demande une réponse immédiate et généreuse. Car Jésus passe. En effet, le mystère de la naissance de Jésus à Bethléem – survenue dans l'histoire il y a plus de deux mille ans – s'actualise en tant qu'événement spirituel dans le « présent » de la liturgie. Le Verbe, qui a trouvé sa demeure dans le sein virginal de Marie, dans la célébration de Noël qui revient frapper à la porte du cœur de chaque chrétien, il frappe en passant. Chacun d'entre nous est appelé à répondre, comme Marie, d'un « oui » personnel et sincère, en se mettant entièrement à la disposition de Dieu, de sa miséricorde et de son amour. Combien de fois Jésus passe-t-il dans notre vie ? Combien de fois nous envoie-t-il un ange ? Et combien de fois nous ne nous en rendons pas compte parce que nous sommes tellement pris, perdus dans nos pensées, dans notre quotidien et même, ces temps-ci, dans les préparatifs de Noël, que nous ne le voyons pas passer et frapper à la porte de notre cœur, demander à être accueilli en espérant obtenir le même « oui » qu'avec Marie. Un saint a dit : « J'ai peur que le Seigneur passe. » Vous savez pourquoi il avait peur ? Il craignait de ne pas s'en rendre compte et de le laisser passer. Lorsque nous entendons dans notre cœur « je voudrais être meilleur... je regrette ce que j'ai fait... » là, c'est sûrement le Seigneur qui frappe. Il te fait ressentir cela, l'envie d'être meilleur, de te rapprocher des autres, de Dieu. Si tu ressens cela, arrête-toi. C'est le Seigneur qui est là ! Et va prier, ou peut-être te confesser, te laver un peu : cela fait du bien. Mais souviens-toi : si tu ressens l'envie de t'améliorer, c'est lui qui frappe : ne le laisse pas passer !

Angélus, 21 décembre 2014

Noël est paix

Dans le mystère de Noël, aux côtés de Marie, il y a la présence silencieuse de saint Joseph, tel qu'il est représenté dans toutes les crèches. L'exemple de Marie et de Joseph est pour nous tous une invitation à accueillir Jésus avec une ouverture d'esprit absolue, Jésus qui est devenu notre frère par amour. Il vient délivrer au monde le don de paix : « Sur la terre, paix pour les hommes qui lui plaisent » (Lc 2, 14), comme les anges l'ont annoncé en chœur aux bergers. Le don précieux de Noël est la paix, et le Christ est notre vraie paix. Le Christ frappe à la porte de notre cœur pour nous offrir la paix, la paix de l'âme.

Angélus, 21 décembre 2014

Grandeur d'âme

Joseph et Marie vivaient à Nazareth. Ils n'habitaient pas encore ensemble, le mariage n'étant pas accompli. Entre-temps, Marie, après avoir accueilli l'annonce de l'Ange, tombe enceinte par l'action du Saint-Esprit. Quand Joseph apprend cette nouvelle, il est déconcerté. L'Évangile n'explique pas ses pensées, mais il nous dit l'essentiel : il respecte la volonté de Dieu et il est prêt au renoncement le plus radical. Au lieu de se défendre et de faire valoir ses droits, Joseph opte pour la solution qui exige de lui un énorme sacrifice. Et l'Évangile dit : « Joseph, son mari, était un homme droit. Pourquoi compromettre sa femme ? Mieux valait la renvoyer en secret. » (Mt 1, 19)

Cette courte phrase résume un véritable drame intérieur, si nous gardons à l'esprit l'amour de Joseph pour Marie ! Mais même dans cette circonstance, Joseph entend accomplir la volonté de Dieu et décide, certainement avec une grande douleur, de répudier Marie en secret. Il faut méditer sur ces paroles pour comprendre quelle épreuve Joseph a dû traverser les jours qui ont précédé la naissance de Jésus. Une épreuve semblable au sacrifice d'Abraham, lorsque Dieu lui a demandé son fils Isaac (Cf. Gn 22) : renoncer à ce qu'il y a de plus précieux, à l'être le plus cher.

Mais, comme dans le cas d'Abraham, le Seigneur intervient : Joseph a trouvé la foi qu'il cherchait et ouvert une autre voie, la voie de l'amour et du bonheur : « Joseph, lui dit le Seigneur, garde sans crainte Marie pour épouse, car la vie qui est en elle vient du Souffle saint. » (Mt 1, 20)

Cet Évangile nous montre toute la grandeur d'âme de saint Joseph. Il suivait un bon projet de vie, mais Dieu lui réservait un autre dessein, une mission plus grande.

Angélus, 22 décembre 2013

Commérages au marché

Joseph, fiancé. Il aimait tant son épouse promise. Elle était allée aider sa cousine, et à son retour les premiers signes de la maternité se sont manifestés. Joseph souffre, il voit les femmes du village commérer au marché. « Cette femme est bonne, moi je la connais ! se dit-il. C'est une femme de Dieu. Que m'a-t-elle fait ? C'est impossible ! Mais je dois l'accuser et elle sera lapidée. On dira toutes sortes de choses à son sujet. Mais moi, je ne peux pas mettre tout ce poids sur elle, sur quelque chose que je ne comprends pas, parce qu'elle est incapable d'être infidèle. » Joseph a préféré passer pour un pécheur, un peureux, plutôt que de cacher sa fiancée, qu'il aimait tant, même s'il ne comprenait pas. Finalement, il a pris avec lui son épouse en disant : « Je n'y comprends rien, mais le Seigneur m'a dit cela, et l'enfant apparaîtra comme mon fils ! »

Homélie, Sainte-Marthe, 18 décembre 2014

Sans rancœur

Joseph était un homme qui écoutait toujours la voix de Dieu, profondément sensible à son dessein secret, un homme attentif aux messages qui lui parvenaient du plus profond de son cœur et d'en haut. Il ne s'est pas entêté à poursuivre son projet de vie, il n'a pas laissé la rancune empoisonner son cœur. Mais combien de fois la haine, l'antipathie pure, la rancune nous a-t-elle empoisonné le cœur ? Quelle souffrance ! Ne le permettez jamais ! Suivez son exemple, car c'est ainsi que Joseph est devenu encore plus libre et plus grand. En se pliant à la volonté du Seigneur, Joseph se trouve pleinement lui-même, au-delà de lui-même. Sa liberté de renoncer à ce qui est sien, à posséder sa propre existence, ainsi que sa pleine disponibilité intérieure à la volonté de Dieu, nous interpellent et nous montrent le chemin.

Angélus, 22 décembre 2013

La force et la bonté

Dans les Évangiles, saint Joseph apparaît comme un homme fort, courageux, travailleur, mais son âme fait preuve d'une grande tendresse. Ce n'est pas la vertu du faible. Au contraire, cela dénote une force de caractère, une grandeur d'âme et une capacité d'attention, de compassion, de réelle ouverture à l'autre, d'amour. N'ayons pas peur de la bonté, de la tendresse !

Homélie, 19 mars 2013

Le gardien de la famille de Dieu

« Joseph obéit au messager du Seigneur. Il prit avec lui sa femme. » (Mt 1, 24) Ces paroles renferment déjà la mission que Dieu a confiée à Joseph, celle du *custos*, le gardien. Gardien de qui ? De Marie et de Jésus. Mais cette protection s'étend ensuite à l'Église, comme l'a souligné saint Jean-Paul II : « De même que saint Joseph a pris un soin affectueux de Marie et s'est consacré avec joie à l'éducation de Jésus-Christ, de même il est le gardien et le protecteur de son Corps mystique, l'Église, dont la Vierge sainte est la figure et le modèle. »[1]

Comment Joseph exerce-t-il cette protection ? Avec discrétion et humilité, dans le silence, mais avec une présence constante et une fidélité absolue, même quand il ne comprend pas. Depuis son mariage avec Marie jusqu'à l'épisode de Jésus dans le temple de Jérusalem, il accompagne chaque moment avec prévenance et amour. Il est auprès de Marie, son épouse, dans les moments sereins comme dans les moments difficiles, pendant le voyage à Bethléem et le recensement, durant les heures d'anxiété et de joie de l'enfantement. Pendant la dramatique fuite en Égypte et dans les moments d'inquiétude, lorsqu'ils cherchent leur fils au Temple. Et ensuite, au quotidien, dans la maison de Nazareth, dans l'atelier où il enseigne son métier à Jésus…

Joseph est le « gardien » parce qu'il sait écouter Dieu,

1. Exhortations apostoliques, *Redemptoris custos*, 1.

il se laisse guider par sa volonté, et justement pour cela il est encore plus sensible aux êtres qui lui sont confiés, il sait lire les événements avec réalisme, il est attentif à ce qui l'entoure, et il sait prendre les décisions les plus sages. En lui, chers amis, nous voyons comment répondre à la vocation de Dieu, avec disponibilité, avec promptitude, mais nous voyons aussi ce qui est au centre de la vocation chrétienne : le Christ ! Nous gardons le Christ dans notre vie, pour garder les autres, pour garder la création !

Homélie, 19 mars 2013

Le gardien de l'Église et du monde

Joseph a pris soin de Marie et de Jésus et les a défendus par son travail et sa présence généreuse. Il les a libérés de la violence des impies en les conduisant en Égypte. Dans l'Évangile, il apparaît comme un homme juste, travailleur, fort. Mais de sa figure émane également une grande tendresse, qui est non pas le propre des faibles mais de ceux qui sont véritablement forts, attentifs à la réalité, qui aiment et servent avec humilité. C'est pour cela qu'il a été proclamé gardien de l'Église universelle. Lui aussi peut nous enseigner à protéger, il peut nous inciter à œuvrer avec générosité et tendresse pour prendre soin de ce monde que Dieu nous a confié.

Laudato si' (lettre encyclique), n° 242

« Se reposer » dans le Seigneur

Les Saintes Écritures parlent rarement de saint Joseph et, quand elles le font, nous le trouvons souvent en train de se reposer, avec un ange qui lui annonce en rêve la volonté de Dieu. Dans le passage de l'Évangile selon Matthieu (2, 13-23), Joseph se repose non pas une mais deux fois.

Le repos est nécessaire à la santé de nos esprits et de nos corps, et pourtant les nombreuses exigences qui pèsent sur nous nous en empêchent souvent. Le repos est également essentiel à notre santé spirituelle, car il nous permet d'écouter la voix de Dieu et de comprendre ce qu'il nous demande. Joseph a été choisi par Dieu pour être le père adoptif de Jésus et l'époux de Marie. En tant que chrétiens, vous aussi êtes appelés, comme Joseph, à préparer une maison pour Jésus. Préparer une maison pour Jésus ! Vous lui préparez une maison dans votre cœur, dans votre famille, dans votre paroisse et dans votre communauté.

Pour écouter et accepter l'appel de Dieu, et offrir une maison à Jésus, vous devez être capables de vous reposer dans le Seigneur. Vous devez trouver le temps, chaque jour, de vous reposer dans le Seigneur, pour prier. Prier et se reposer dans le Seigneur. Mais vous pourriez me dire : « Saint-Père, nous le savons. Je voudrais prier, mais j'ai trop de travail ! Je dois m'occuper de mes enfants. J'ai des tâches domestiques à accomplir. Je suis même trop fatigué pour bien dormir. » C'est peut-être vrai, mais si nous ne prions pas, nous ne connaîtrons jamais le plus important :

la volonté de Dieu pour nous. De plus, dans cette vie active, avec nos multiples occupations, sans la prière nous obtiendrons vraiment peu.

Je voudrais ajouter quelque chose de très personnel. J'aime beaucoup Joseph parce que c'est un homme fort et silencieux. Sur mon bureau, j'ai une image de saint Joseph endormi. Et pendant qu'il dort, il veille sur l'Église ! Oui ! Il peut le faire, nous le savons. Et quand j'ai un problème, une difficulté, je le note sur un bout de papier que je place sous saint Joseph, pour qu'il en rêve ! Ce geste signifie : prie pour ce problème !

N'oubliez pas que Jésus dort ! N'oubliez pas que saint Joseph dort ! Jésus a dormi sous la protection de Joseph. N'oubliez pas : le repos de la famille est la prière. N'oubliez pas de prier pour la famille. Priez souvent et portez les fruits de vos prières dans le monde, afin que nous connaissions tous Jésus-Christ et son amour miséricordieux. S'il vous plaît, « dormez » aussi pour moi : priez aussi pour moi, j'ai vraiment besoin de vos prières et je compte toujours sur elles ! Merci beaucoup !

Discours, 16 janvier 2015

Autour d'un berceau

« Noël : Dieu renouvelle
la création
et toutes les choses
d'une manière encore plus
merveilleuse. »

Homélie, Sainte-Marthe, 19 décembre 2014

Une parole fragile

L'Enfant de Bethléem est fragile, comme tous les nouveau-nés. Il ne sait pas parler, et pourtant il est la Parole faite chair, venue changer le cœur et la vie des hommes. Cet Enfant, comme tous les enfants, est vulnérable et a besoin d'être aidé et protégé. De nos jours, les enfants ont toujours besoin d'être accueillis et défendus, dès le ventre de leur mère.

Homélie, Bethléem, 25 mai 2014

La Parole s'est faite chair

Le prologue de l'Évangile selon Jean (Jn 1, 1-18) présente l'activité créatrice du Christ comme parole divine *(Logos)*. Mais ce prologue surprend en affirmant que cette Parole « s'est faite chair ». (Jn 1, 14) Une personne de la Trinité s'est insérée dans le cosmos ainsi créé, et a partagé son sort jusqu'à la croix. Dès le commencement du monde, mais de manière particulière à partir de l'Incarnation, le mystère du Christ agit en secret sur l'ensemble de la réalité naturelle, sans pour autant en affecter l'autonomie.

Laudato si' (lettre encyclique), n° 99

Les humbles

Jésus, le Fils de Dieu, le Sauveur du monde, est né pour nous. Il est né à Bethléem d'une vierge, réalisant les antiques prophéties. La vierge s'appelle Marie, et son époux Joseph. Ce sont des gens humbles, pleins d'espérance en la bonté de Dieu, qui accueillent Jésus et le reconnaissent. Le Saint-Esprit a ensuite éclairé les bergers de Bethléem, qui ont accouru dans la grotte pour adorer l'Enfant. Puis l'Esprit Saint a guidé les vieillards, Siméon et Anne, humbles eux aussi, jusqu'au temple de Jérusalem et ils ont reconnu en Jésus le Messie. « Mes yeux ont vu ta délivrance, s'exclame Siméon, tu l'as préparée à la face de tous les peuples ! » (Lc 2, 30-31)

Oui, mes frères, Jésus est le salut pour chaque personne et pour chaque nation !

Message *Urbi et Orbi*, Noël 2014

Les enfants sont un signe

L'Enfant Jésus, né à Bethléem, est *le signe* envoyé par Dieu à ceux qui attendaient le salut, et il reste pour toujours le signe de la tendresse de Dieu et de sa présence dans le monde. L'Ange dit aux bergers : « Ce signe s'adresse à vous : vous trouverez un enfant… »

Aujourd'hui encore, *les enfants sont un signe.* Un signe d'espérance, de vie, mais aussi un signe « diagnostic » qui permet d'évaluer l'état de santé d'une famille, d'une société, du monde entier. Quand les enfants sont accueillis, aimés, défendus, protégés, la famille est solide, la société meilleure, le monde est plus humain.

Homélie, Bethléem, 25 mai 2014

La crèche, icône des « petits »

Les enfants nous rappellent que, dans les premières années de la vie, nous avons tous été entièrement dépendants de l'attention et de la bonté des autres. Le Fils de Dieu n'a pas échappé à cette étape. Il est le mystère que nous contemplons chaque année, à Noël. La crèche est l'icône qui nous communique de façon simple et directe cette réalité du monde. Mais c'est curieux, Dieu n'a aucune difficulté à se faire comprendre des enfants, tout comme les enfants n'ont pas de problème à comprendre Dieu. Ce n'est pas un hasard si l'Évangile livre quelques paroles très belles et très fortes de Jésus à propos des « petits ». Ce terme, « petits », désigne toutes les personnes qui dépendent d'autrui, en particulier les enfants. Par exemple, Jésus dit : « Je te suis reconnaissant, Père, maître du ciel et de la terre. Aux savants, aux grands esprits, tu as caché ces choses pour mieux les dévoiler aux petits. » (Mt 11, 25) Ou encore : « Ne méprisez aucun de ces petits. Là-haut, leurs messagers voient en tout temps le visage de mon Père dans les cieux. » (Mt 18, 10)

Audience générale, 4 mars 2015

Dans la mangeoire

La Vierge est celle qui, plus que tout autre, a contemplé Dieu à travers le visage humain de Jésus. Aidée par saint Joseph, elle l'a emmailloté et couché dans la mangeoire.

Regina Coeli, 25 mai 2014

En nous, ténèbres et lumière

« Le peuple qui traîne dans les ténèbres a vu une grande lumière. » (Is 9, 1) Cette prophétie d'Isaïe ne cesse de nous émouvoir, en particulier lorsque nous l'écoutons durant la liturgie de la nuit de Noël. Elle n'est pas seulement émouvante, sentimentale. Elle nous émeut parce qu'elle exprime la réalité profonde de ce que nous sommes : nous sommes un peuple en chemin, et autour de nous – mais aussi en nous – il y a les ténèbres et la lumière. En cette nuit, tandis que l'esprit des ténèbres enveloppe le monde, se renouvelle l'événement qui nous émerveille et nous surprend toujours : le peuple en chemin vit une grande lumière. Une lumière qui nous fait réfléchir à ce mystère : celui de marcher et de voir.

Homélie, 24 décembre 2013

Dieu est une tente

La raison de notre espérance est la suivante : Dieu est avec nous, et Dieu a gardé confiance en nous ! Réfléchissez bien à ceci : Dieu est avec nous, et Dieu a encore confiance en nous. Dieu le Père est généreux ! Il vient habiter avec les hommes, choisit la terre comme demeure pour être au côté de l'homme, et être présent là où l'homme passe ses jours dans la joie et la souffrance. C'est pourquoi la terre n'est plus seulement une « vallée de larmes », mais le lieu où Dieu lui-même a installé sa tente. Elle est le lieu de rencontre de Dieu avec l'homme, de la solidarité de Dieu avec les hommes.

Audience générale, 18 décembre 2013

Santo Niño

« Oui un enfant est né / un fils nous est donné. » (Is 9, 5) C'est pour moi une joie particulière de célébrer le dimanche du *Santo Niño* avec le peuple philippin. L'image de l'Enfant Jésus a accompagné la diffusion de l'Évangile dans ce pays depuis le tout début. Vêtu d'habits royaux, couronné et tenant le sceptre, le globe et la croix à la main, il nous rappelle perpétuellement le lien entre le royaume de Dieu et le mystère de l'enfant spirituel. Il nous parle de cela dans l'Évangile d'aujourd'hui. « Laissez venir à moi les petits enfants. Ne les écartez pas, car le royaume de Dieu est pour ceux qui leur ressemblent. » (Mc 10, 14)

Santo Niño continue de proclamer que la lumière de la grâce de Dieu a brillé sur un monde habité par les ténèbres, nous apportant la Bonne Nouvelle de la libération de l'esclavage, nous guidant sur le sentier de la paix, du droit et de la justice. Il nous rappelle également que nous sommes appelés à répandre le Règne du Christ dans le monde.

J'ai entendu chanter *Nous sommes tous des enfants de Dieu*. C'est ce que *Santo Niño* vient nous dire. Il nous rappelle notre identité la plus profonde. Nous sommes tous des enfants de Dieu, des membres de la famille de Dieu. Saint Paul nous a dit que, par le Christ, nous sommes devenus les enfants adoptifs de Dieu, les frères et les sœurs du Christ. C'est ce que nous sommes. C'est notre identité.

Homélie, 18 janvier 2015

Dieu-avec-nous

La présence de Dieu au sein de l'humanité ne s'est pas réalisée dans un monde idéal, idyllique, mais dans un monde réel, empli de choses bonnes et mauvaises, marqué par la discorde, la malveillance, la pauvreté, la brutalité et la guerre. Il a choisi de vivre notre histoire telle qu'elle est, avec le fardeau de ses limites et de ses drames. Ce faisant, il a démontré de façon unique sa disposition miséricordieuse et pleine d'amour envers la créature humaine. Il est le Dieu-avec-nous. Jésus est Dieu-avec-nous. Vous y croyez, vous ? Faisons ensemble cette profession : Jésus est Dieu-avec-nous ! Jésus est Dieu-avec-nous depuis toujours et pour toujours, avec nous à travers nos peines et les souffrances de l'histoire. Le Noël de Jésus est la manifestation de Dieu qui s'est « rangé » une fois pour toutes du côté des hommes, pour nous sauver, pour nous relever de la poussière dans les moments de malheur, de difficulté, de péché.

Audience générale, 18 décembre 2013

La grotte des animaux

Marie est celle qui sait transformer une grotte pour animaux en maison de Jésus, à l'aide de simples langes et d'une montagne de tendresse. Elle est la petite servante du Père qui tressaille de joie dans la louange. Elle est l'amie qui veille à ce que le vin ne manque jamais dans notre vie. Elle est celle qui a le cœur transpercé par l'épée, qui comprend toutes les peines. Notre Mère à tous est signe d'espérance pour les peuples qui endurent les douleurs de l'enfantement jusqu'à ce que naisse la justice. Elle est la missionnaire qui se rapproche pour mieux nous accompagner dans la vie, et dont l'affection maternelle ouvre nos cœurs à la foi. Comme une vraie mère, elle marche avec nous, lutte à nos côtés et répand sans cesse la proximité de l'amour de Dieu. Par les invocations mariales, souvent liées aux sanctuaires, elle partage l'histoire de tous les peuples qui ont reçu l'Évangile, et fait désormais partie de leur identité historique. De nombreux parents chrétiens demandent le baptême de leurs enfants dans un sanctuaire marial, manifestant ainsi leur foi en l'action maternelle de Marie qui engendre de nouveaux enfants de Dieu. Dans les sanctuaires, on constate que Marie réunit autour d'elle des enfants qui, avec bien des efforts, viennent en pèlerins pour la voir et se laisser contempler par elle. Là, ils trouvent la force de Dieu qui les aide à supporter leurs souffrances et leur lassitude. Comme à saint Juan Diego, Marie leur offre la caresse de la consolation maternelle en disant : « Que ton cœur ne se trouble pas [...]. Ne suis-je pas là, moi, ta mère ? »

Evangelii gaudium, n° 286

La grotte de l'émerveillement

Nous sommes tous concernés par le miracle de Dieu fait enfant dans la grotte de Bethléem, par l'émerveillement du Fils de Dieu qui est devenu par amour le fils de Marie et qui s'est fait petit et fragile. Restons vigilants et prions pour que cette lumière intérieure ne s'éteigne pas. Et préservons dans notre vie quotidienne, familiale et professionnelle, la joie de la foi, qui s'exprime à travers la charité, la bienveillance et la tendresse.

Discours, 10 janvier 2014

La force de l'humilité

Dans quelques jours, nous aurons la joie de célébrer la Nativité du Seigneur. L'événement de Dieu qui s'est fait homme pour sauver les hommes. La manifestation de l'amour de Dieu qui ne se limite pas à nous donner quelque chose ou à nous envoyer quelque message ou messager mais qui nous fait le don de lui-même. Le mystère de Dieu qui prend sur lui notre condition humaine et nos péchés pour nous révéler son existence divine, son immense grâce et son pardon gratuit.

C'est le rendez-vous avec Dieu qui naît dans le dénuement de la grotte de Bethléem pour nous enseigner la force de l'humilité. En effet, Noël est aussi la fête de la lumière qui n'est pas accueillie par les « élus » mais par des gens pauvres et simples qui attendaient le salut du Seigneur.

Discours, 22 décembre 2014

Le nom de famille de Dieu

Quel est le nom de famille de Dieu ? C'est le nôtre, celui de chacun de nous. Il prend le nom de chacun de nous pour en faire son nom de famille. Je suis le Dieu d'Abraham, d'Isaac, de Jacob, de Pierre, de Marietta, d'Harmonie, de Marisa, de Simone, de tous. Son nom est chacun des nôtres. Le nom de famille de Dieu est chacun de nous.

Homélie, Sainte-Marthe, 17 décembre 2013

Pour qui chantent les anges

Je fais mien le chant des anges, qui apparurent aux bergers de Bethléem la nuit où naquit Jésus. Un chant qui unit ciel et terre, adressant au ciel la louange et la gloire, et à la terre des hommes le vœu de paix.

Je vous invite tous à vous unir à ce chant ; ce chant est pour chaque homme et pour chaque femme qui veille dans la nuit, qui espère un monde meilleur, qui prend soin des autres en cherchant à faire humblement son devoir.

Gloire à Dieu !

Avant tout, Noël nous appelle à cela : à rendre gloire à Dieu, parce qu'il est bon, fidèle et miséricordieux. En ce jour, je souhaite à tous de reconnaître le vrai visage de Dieu, le Père qui nous a fait don de Jésus. Je souhaite à tous de sentir que Dieu est proche, de demeurer en sa présence, de l'aimer et de l'adorer. Que chacun de nous puisse rendre gloire à Dieu, surtout à travers notre vie, une vie consacrée à son amour et à celui de nos frères.

Message *Urbi et Orbi*, Noël 2013

Un nouveau-né emmailloté

La prophétie d'Isaïe annonce l'apparition d'une grande lumière perçant l'obscurité. Celle-ci naît à Bethléem et est accueillie par les mains aimantes de Marie, l'affection de Joseph, et à l'étonnement des bergers. Quand les anges annoncèrent aux bergers la naissance du Rédempteur, ils le firent par ces mots : « Voici quel en est le signe pour vous : vous trouverez un enfant emmailloté et couché dans une étable. » (Lc 2, 12) Le « signe », c'est l'humilité de Dieu, l'humilité de Dieu à son extrême. C'est l'amour avec lequel, cette nuit-là, il a admis notre fragilité, notre souffrance, nos angoisses, nos désirs et nos limites. Le message attendu par nous tous, recherché par nous tous dans la profondeur de notre âme, n'est autre que la tendresse de Dieu : Dieu qui pose sur nous un regard empli d'affection, qui accepte notre misère, Dieu amoureux de notre petitesse.

En cette sainte nuit, tout en contemplant l'Enfant Jésus qui vient de naître et d'être déposé dans une mangeoire, nous sommes invités à réfléchir. Comment accueillons-nous la tendresse de Dieu ? Est-ce que je me laisse toucher par lui, étreindre par lui, ou est-ce que je l'empêche de s'approcher ? Nous pourrions rétorquer : « Mais je cherche le Seigneur. » Toutefois, l'essentiel n'est pas de le chercher mais de faire en sorte qu'il me trouve et me caresse avec amour. C'est la question que l'Enfant nous pose par sa seule présence : est-ce que je permets à Dieu de m'aimer ?

Homélie, 24 décembre 2014

Jésus est né en banlieue

L'incarnation du Fils de Dieu représente un nouveau commencement dans l'histoire universelle de l'homme et de la femme. Et ce nouveau départ survient au sein d'une famille, à Nazareth. Jésus est né dans une famille. Il aurait pu faire une entrée spectaculaire, tel un guerrier ou un empereur… Mais non : il est venu en tant que fils d'une famille, dans une famille. C'est très important : contemplez cette belle scène dans la crèche.

Dieu a choisi de naître dans une famille humaine, qu'il a formée lui-même. Il l'a formée dans un village perdu de l'Empire romain. Pas à Rome, la capitale de l'Empire, pas dans une grande ville, mais dans une banlieue presque invisible, et même plutôt mal famée. En ce sens, rappelons-nous des Évangiles qui nous disent : « Qu'est-ce qui peut sortir de bon de Nazareth ? » (Jn 1, 46) Peut-être que dans de nombreux endroits du monde, nous parlons encore de cette façon lorsque nous entendons le nom d'une localité éloignée d'une grande ville. Eh bien, c'est là, dans la périphérie de ce grand Empire, qu'a commencé l'histoire la plus sainte et la plus belle, celle de Jésus parmi les hommes ! Et c'est là que vivait cette famille.

Audience générale, 17 décembre 2014

Une joie pour tous

La joie de l'Évangile s'adresse à tout le peuple, sans exclure personne. C'est ainsi que l'Ange l'annonce aux bergers de Bethléem : « N'ayez plus de crainte.

Je vous annonce, pour tout le peuple, une grande joie. » (Lc 2, 10)

Evangelii gaudium, n° 23

Les bergers veillent

Jésus est l'amour fait chair. Il n'est pas seulement venu professer la sagesse. Il n'est pas un idéal vers lequel nous tendons et dont nous savons que nous sommes inexorablement éloignés. Il est le sens de la vie et de l'histoire, qui a dressé sa tente parmi nous.

Les bergers ont été les premiers à voir cette « tente », à recevoir l'annonce de la naissance de Jésus. Ils ont été les premiers parce qu'ils faisaient partie des moins importants, des exclus. Et ils ont été les premiers parce qu'ils veillaient dans la nuit, gardant leur troupeau. Veiller est une loi de pèlerin, alors ils veillaient. Avec eux, arrêtons-nous devant l'Enfant, arrêtons-nous en silence. Avec eux, remercions le Seigneur de nous avoir donné Jésus, et avec eux, laissons monter du fond de notre cœur la louange de sa fidélité : nous te bénissons, Seigneur Dieu Très-Haut, qui t'es abaissé pour nous. Toi qui es immense, tu t'es fait petit. Toi qui es riche, tu t'es fait pauvre. Tu es le Tout-Puissant, et tu t'es rendu vulnérable.

Homélie, 24 décembre 2013

En des temps peu cléments

J'aimerais m'attarder sur Joseph et Marie à Bethléem. Ils ont dû quitter leur terre, leurs proches, leurs amis. Ils ont dû abandonner leurs affaires pour se rendre vers une autre terre. Une terre où ils ne connaissaient personne, où ils n'avaient ni maison ni famille. C'est dans ces conditions que ce jeune couple a eu Jésus. Dans ce contexte, dans une étable aménagée comme ils ont pu, ce jeune couple nous a donné Jésus. Ils étaient seuls, en terre étrangère, tous les trois. Soudainement, des gens ont surgi : des bergers, des individus comme eux qui avaient dû quitter leur lieu de vie dans l'espoir de trouver de meilleures opportunités pour leur famille. Leurs vies aussi dépendaient des intempéries et du manque de clémence dans d'autres domaines.

Dès qu'ils ont eu vent de la naissance de Jésus, ils sont venus, ils se sont rapprochés. Ils sont aussitôt devenus la famille de Marie et de Joseph. La famille de Jésus.

C'est ce qui se passe lorsque Jésus apparaît dans votre vie. C'est ce que la foi suscite. La foi nous rapproche, elle facilite la proximité avec la vie des autres, elle nous rapproche de la vie des autres. La foi suscite notre engagement envers les autres, la foi engendre la solidarité : une vertu humaine et chrétienne que nous possédons et que beaucoup, beaucoup de gens possèdent et que nous devons apprendre à développer. La naissance de Jésus réveille notre vie. Une foi qui ne rend pas solidaire est une foi morte, une foi faussée.

Homélie, 12 juillet 2015

Ne craignez pas les larmes

Arrêtons-nous un instant devant l'Enfant de Bethléem. Laissons notre cœur s'émouvoir : n'ayons pas peur de cela. N'ayons pas peur d'être émus ! Nous avons besoin de sentir notre cœur s'émouvoir. Laissons-le se réchauffer à la tendresse de Dieu. Nous avons besoin de ses caresses. Les caresses de Dieu ne blessent pas : les caresses de Dieu nous apportent paix et force. Nous avons besoin de ses caresses. Dieu est grand par l'amour, à lui les louanges et la gloire au fil des siècles ! Dieu est paix : demandons-lui de nous aider à la construire chaque jour, dans notre vie, dans nos familles, dans nos villes et nos nations, dans le monde entier. Laissons-nous toucher par la bonté de Dieu.

Message *Urbi et Orbi*, Noël 2013

Le sapin et la crèche

La crèche et le sapin de Noël sont des symboles forts et précieux pour notre famille chrétienne : ils rappellent le mystère de l'Incarnation, le Fils unique de Dieu fait homme pour nous sauver, la lumière que Jésus a apportée au monde avec sa naissance. Mais la crèche et le sapin touchent le cœur de tous, même des non-croyants, parce qu'ils évoquent la fraternité, l'intimité et l'amitié, en appelant les hommes de notre époque à redécouvrir la beauté de la simplicité, du partage et de la solidarité. Ils sont une invitation à l'unité, à l'alliance et à la paix. Une invitation à faire place, dans notre vie personnelle et sociale, à Dieu, qui ne vient pas imposer sa puissance avec arrogance mais qui nous offre son amour tout-puissant à travers la figure vulnérable d'un petit enfant. La crèche et le sapin nous transmettent ainsi un message de lumière, d'espérance et d'amour.

Discours, 19 décembre 2014

Un sapin pour Noël

Ce soir, après la cérémonie officielle de la remise de l'arbre de Noël, nous verrons s'allumer les lumières qui le décorent. Ce magnifique sapin restera auprès de la crèche jusqu'à la fin des fêtes de Noël et pourra être admiré par les Romains, les pèlerins et les touristes du monde entier. Je vous remercie, chers amis, pour ce grand sapin et pour les autres, plus petits, dressés dans plusieurs lieux de la cité du Vatican. Par ces cadeaux, très appréciés, vous avez tenu à manifester la proximité spirituelle et l'amitié qui lient toute l'Allemagne, et en particulier la Bavière, au Saint-Siège, dans le sillage de la tradition chrétienne qui a fécondé la culture, la littérature et l'art de votre nation et de l'Europe entière. Je suis proche de vous par la prière, et je vous accompagne sur le chemin de vos communautés chrétiennes et de tout le peuple allemand.

En cette belle occasion, je vous souhaite de tout cœur, à vous tous ici présents, à vos concitoyens et aux habitants de vos régions, de célébrer la nativité du Seigneur dans la sérénité. À Noël, partout résonne la joyeuse annonce de l'Ange aux bergers de Bethléem : « Aujourd'hui, dans la ville de David, un libérateur est né pour vous. Il est Christ, Seigneur. » (Lc 2, 11) Ces bergers, dit l'Évangile, furent enveloppés d'une grande lumière. De nos jours, Jésus continue de dissiper les ténèbres de la faute et du péché, pour apporter à l'humanité la joie de la lumière divine et fulgurante, dont l'arbre de Noël est le signe et le rappel.

Discours, 13 décembre 2013

Allumons les lumières !

En éclairant le sapin de Noël, nous souhaitons que la lumière du Christ soit en nous. Un Noël sans lumière n'est pas un Noël. Qu'il y ait une lumière dans l'âme, dans le cœur ! Que les autres reçoivent le pardon ! Que cessent l'inimitié, les ténèbres… Que demeure la lumière de Jésus, si belle. C'est ce que je vous souhaite à tous, au moment d'allumer l'arbre de Noël.

Si une ombre assombrit votre âme, demandez pardon au Seigneur. Noël est une belle occasion de laver l'âme ! N'ayez crainte, le prêtre est miséricordieux, il pardonne à tous au nom de Dieu, car Dieu pardonne tout.

Que la lumière brille dans vos cœurs, dans vos familles, dans votre ville. Et à présent, avec ce vœu, allumons les lumières.

Que Dieu Tout-puissant vous bénisse, le Père, le Fils et le Saint-Esprit.

Joyeux Noël, et priez pour moi !

Paroles prononcées à Gubbio, 7 décembre 2014

Dieu corrige l'histoire

Lorsque nous commettons une erreur, Dieu corrige l'histoire et nous pousse en avant, plus loin, cheminant toujours à nos côtés… Tant que cela n'est pas clair pour nous, nous ne pouvons pas comprendre Noël, ni le mystère de l'incarnation du Verbe, jamais.

Homélie, Sainte-Marthe, 18 décembre 2014

Se faire petit

Si, à Noël, Dieu se révèle non pas comme un être plus élevé, qui domine l'univers, mais comme un être qui s'abaisse, descend sur terre en étant petit et pauvre, cela signifie que, pour être semblables à lui, nous ne devons pas nous placer au-dessus des autres. Au contraire, nous devons nous abaisser, nous mettre au service des autres, nous faire petits avec les petits et pauvres avec les pauvres.

Quelle tristesse de voir un chrétien refuser de s'abaisser, de servir. Un chrétien qui se pavane en permanence, c'est laid : ce n'est pas un chrétien, c'est un païen. Le chrétien sert, s'abaisse.

Faisons en sorte que nos frères et nos sœurs ne se sentent jamais seuls !

Audience générale, 18 décembre 2013

Noël n'est pas une fable !

Noël est précisément la fête de la présence de Dieu qui vient parmi nous pour nous sauver. La naissance de Jésus n'est pas une fable ! Cette histoire a réellement eu lieu, à Bethléem, il y a deux mille ans. La foi nous permet de reconnaître en cet Enfant, né de la Vierge Marie, le vrai Fils de Dieu, qui s'est fait homme par amour pour nous.

À travers le visage du petit Jésus, nous contemplons celui de Dieu, qui ne se révèle pas par la force, la puissance, mais par la faiblesse et la fragilité d'un nouveau-né. Notre Dieu est ainsi : il vient tout près de nous, sous l'apparence d'un petit enfant. Cet enfant montre la fidélité et la tendresse de l'amour infini dont Dieu entoure chacun de nous.

C'est ce que nous fêtons à Noël, en revivant l'expérience des bergers de Bethléem, avec tous les papas et toutes les mamans qui se donnent du mal et acceptent des sacrifices au quotidien. Faisons la fête avec les petits, les malades et les pauvres, car c'est la fête de la rencontre de Dieu avec nous, en Jésus.

Discours, 20 décembre 2013

La clé de la vie chrétienne

La clé de la vie chrétienne est la foi en Jésus-Christ, Verbe de Dieu fait homme.

Partant de ce principe, les deux conséquences concrètes de cette vérité chrétienne sont qu'en amour l'action est plus importante que les mots, et donner est plus important que recevoir.

En cette période de Noël, tandis que nous contemplons l'Enfant, le Verbe incarné, demandons la grâce que cet amour chrétien concret nous aide à demeurer dans l'amour afin qu'il demeure en nous.

Homélie, Sainte-Marthe, 9 janvier 2014

Le cadeau de l'Enfant

Voici le magnifique « cadeau » de l'Enfant de Bethléem : il nous offre une énergie spirituelle, une énergie qui nous empêche de crouler sous le poids de la fatigue, des déceptions et de la tristesse, car c'est une énergie qui réchauffe et transforme le cœur. En effet, la naissance de Jésus nous annonce la merveilleuse nouvelle que nous sommes aimés, immensément et singulièrement, par Dieu. Et cet amour, non seulement il nous le fait connaître, mais il nous le donne, il nous le communique !

Audience générale, 18 décembre 2013

Le panier à rêves

Chers enfants, je vous remercie pour vos rêves et vos prières que vous avez réunis dans ce panier que vous m'avez remis. Merci beaucoup ! Présentons-le ensemble à Jésus, car il les connaît mieux que quiconque. Il sait ce qui se trouve au plus profond de notre cœur. Surtout avec vous, les enfants, Jésus a un lien particulier, il est toujours proche de vous. À présent, récitons ensemble une prière à la Vierge devant cette belle statue : *La Vierge à l'Enfant*. Je vous salue, Marie. Que Dieu tout-puissant vous bénisse. Merci beaucoup !

Discours prononcé lors d'une visite
à l'hôpital pédiatrique de Rome, Bambino Gesù,
21 décembre 2013

Sermon d'un enfant

J'ai quelque chose à vous dire : les enfants pleurent, ils font du bruit, ils vont à droite, à gauche... et cela me dérange beaucoup quand un enfant pleure à l'église et que des gens veulent qu'il sorte. Non ! C'est le meilleur sermon ! Les pleurs d'un enfant sont la voix de Dieu ! Je parle sérieusement : ne les chassez jamais, jamais de l'église.

Rencontre avec les enfants, 14 décembre 2014

Pleurer et sourire

Les enfants ont la faculté de sourire et de pleurer. Certains, quand je les prends dans mes bras, sourient. D'autres, me voyant vêtu de blanc, me prennent pour le docteur venu leur faire un vaccin, et se mettent à pleurer… mais c'est spontané ! Les enfants sont ainsi : ils sourient et ils pleurent, deux réactions que nous autres, les adultes, « bloquons ». Nous ne sommes plus capables d'en faire autant. Trop souvent, notre sourire semble faux, une mimique sans vie, sans sincérité, voire un sourire artificiel, de clown.

Les enfants sourient spontanément et pleurent tout aussi naturellement. Cela vient toujours du cœur, et bien souvent notre cœur se bloque et perd cette capacité de sourire, de pleurer. Mais, nous-mêmes, nous devons nous demander : est-ce que je souris spontanément, avec fraîcheur, avec amour, ou mon sourire est-il artificiel ? Est-ce qu'il m'arrive encore de pleurer ou ne suis-je plus apte à pleurer ? Deux questions très humaines que les enfants nous incitent à nous poser.

Audience générale, 18 mars 2015

Graines et flambeaux

C'est beau de voir autant d'enfants. Par son existence même, un enfant est un message d'espérance. Un enfant va toujours de l'avant, en nous tirant vers demain. C'est une graine d'avenir. Les enfants portent tant de choses en eux. Et vous, les parents – mais cela, vous ne pouvez pas l'avouer, c'est un secret pour chacun d'entre vous –, combien de fois vous dites-vous : « Il deviendra ceci ou cela quand il sera grand » ? C'est beau de penser à l'avenir, car c'est une prière. Cela revient à dire à Dieu : « Veillez sur mon enfant, veillez sur son futur. » Les enfants, filles et garçons, incarnent notre espérance. Nous leur passons le flambeau de la foi, de la vie, afin qu'à leur tour ils le transmettent à leurs enfants, puis à leurs petits-enfants.

Ainsi va la vie.

Rencontre avec les enfants, 14 décembre 2014

Quand les enfants luttent

Chers enfants, je voudrais vous poser une question. Nous allons voir si vous pouvez m'aider. Comme on m'a dit que vous êtes très intelligents, je me lance. Une fois, Jésus s'est mis en colère. Vous vous souvenez à quel moment ? Je sais que c'est une question difficile, alors je vais vous aider. Quand on a interdit aux enfants de s'approcher de lui. C'est la seule et unique fois que l'on trouve cette notion dans l'Évangile selon Marc. (Cf. Mc 10, 13-15) Une phrase semblable à notre expression : « bouillir de colère ». Vous, est-ce qu'il vous arrive de vous mettre en colère ? Bien, Jésus réagit de la même façon quand on l'empêche de rester auprès des enfants, près de vous. Il enrage. Les enfants comptent parmi les préférés de Jésus.

Les enfants sont restés à l'écart puisque les adultes ne les laissaient pas approcher. Mais Jésus les a appelés, il les a pris dans ses bras et les a placés au milieu pour que tous les adultes apprennent à être comme eux. Aujourd'hui, il nous dirait la même chose. Il nous regarderait et dirait : apprenez d'eux. Nous devons apprendre de vous, de votre foi, de votre joie, de votre tendresse. De votre capacité à vous battre, de votre force. De votre endurance inégalable. Vous êtes de véritables combattants ! N'est-ce pas, maman ? N'est-ce pas, papa, grand-père et grand-mère ? Vous voir nous donne de la force, la force d'avoir la foi, et de continuer d'avancer.

Maman, papa, grand-père et grand-mère, je sais que ce n'est pas toujours facile d'être ici. Il y a des moments d'intense douleur, d'incertitude. Des périodes d'angoisse qui oppressent la poitrine et aussi des grands moments de joie. Les deux sentiments cohabitent, ils sont en nous. Mais il n'y a pas meilleur remède que votre tendresse, votre proximité. Cela me met en joie de savoir que vous vous entraidez, entre familles, que vous vous encouragez, que vous vous soutenez mutuellement pour avancer et traverser les périodes difficiles.

Discours prononcé à l'hôpital
pédiatrique d'Asunción,
11 juillet 2015

Un martyre à Noël ?

La liturgie prolonge la solennité de Noël durant huit jours : c'est un temps de joie pour tout le peuple de Dieu ! Et en ce deuxième jour de l'octave, dans la joie de Noël, s'ajoute la fête de saint Étienne, le premier martyr de l'Église.

Le livre des Actes des Apôtres nous le présente comme un « homme de foi habité par le Souffle saint » (Ac 6, 5), choisi avec six autres pour servir les veuves et les pauvres dans la première communauté de Jérusalem. Et il nous raconte son martyre : suite à un discours enflammé qui suscita la colère du Sanhédrin, il fut traîné hors des murs de la cité et lapidé. Étienne est mort comme Jésus, en demandant pardon à ses tortionnaires. (Ac 7, 55-60)

Dans la joie qui entoure la période de Noël, cette commémoration peut paraître déplacée. Il est vrai que Noël, en tant que célébration de la vie, nous inspire des sentiments de sérénité et de paix. Pourquoi troubler cet enchantement avec le souvenir d'une violence aussi atroce ? En réalité, dans une perspective de foi, la fête de saint Étienne est en parfaite harmonie avec le sens profond de Noël. Dans le martyre, la violence est vaincue par l'amour, et la mort par la vie. L'Église voit dans le sacrifice des martyrs leur « naissance au ciel ». Nous célébrons donc aujourd'hui le « Noël » d'Étienne, qui découle intimement du Noël du Christ. Jésus transforme la mort de ceux qui l'aiment en aurore d'une vie nouvelle !

Angélus, 26 décembre 2013

Baptême

J'aime beaucoup baptiser les enfants. J'aime tellement ça ! Chaque enfant qui naît est un don de joie et d'espérance, et chaque enfant qui est baptisé est un miracle de la foi et une fête pour la famille de Dieu.

Homélie, 12 janvier 2014

Baptisé à Noël

Quand ai-je été baptisé ? C'est un si bel événement ! J'ai été baptisé le jour de Noël, précisément ! Huit jours après ma naissance, exactement, car à l'époque il était d'usage – tout du moins en Argentine – de baptiser les enfants huit jours après leur naissance. Souvenez-vous toujours de cela.

Rencontre avec les enfants, 14 décembre 2014

Lait maternel

Vous, les mamans, vous donnez le lait à vos enfants – aujourd'hui encore, s'ils pleurent parce qu'ils ont faim, vous les allaitez, et ils s'apaisent. Remercions le Seigneur pour le don du lait, et prions pour ces mamans – si nombreuses, malheureusement – qui ne sont pas en mesure de donner à manger à leurs enfants. Prions et essayons d'aider ces mères. Ainsi, ce que fait le lait pour le corps, la parole de Dieu l'accomplit pour l'esprit : *la parole de Dieu fait croître la foi. Et grâce à la foi, nous sommes engendrés par Dieu. C'est ce qui se passe lors du baptême.* Nous avons écouté l'apôtre Jean : « Croire que Jésus est le Christ, c'est être né de Dieu. » (1 Jn 5, 1) C'est dans cette foi que vos enfants sont baptisés. Aujourd'hui, c'est *votre* foi, chers parents, chers parrains et marraines. C'est la foi de l'Église, celle dans laquelle ces petits reçoivent le baptême. Mais demain, avec la grâce de Dieu, ce sera *leur* foi, leur « oui » personnel à Jésus-Christ, qui nous donnera l'amour du Père.

Homélie, 11 janvier 2015

Pense à tes enfants, pense à tes parents

La vie rajeunit et gagne en énergie en se multipliant : elle s'enrichit, elle ne s'appauvrit pas ! Les enfants apprennent à prendre leur famille en charge, ils mûrissent dans le partage de ses sacrifices, ils grandissent dans l'appréciation de ses dons. L'expérience heureuse de la fraternité éveille au respect et à la nécessité de s'occuper des parents, ce dont nous devons être reconnaissants. Parmi vous ici présents, nombreux sont ceux qui ont des enfants, et nous sommes tous des enfants. Faisons une chose : une minute de silence. Que chacun de nous pense dans son cœur à ses enfants – pour ceux qui en ont. Pensez en silence. Et pensons tous à nos parents, et remercions Dieu pour le don de la vie. En silence, que ceux qui ont des enfants pensent à eux, et pensons tous à nos parents.

Audience générale, 11 février 2015

Noël, c'est rendre grâce

La joie chrétienne est un don du Seigneur. « Père, nous partageons un bon repas et tout le monde est content. » C'est beau, un bon repas, c'est très bien. Mais ce n'est pas de la joie chrétienne qu'il est question aujourd'hui. La joie chrétienne, c'est autre chose. Elle nous amène à faire la fête, c'est vrai, mais pas seulement. Pour cela, l'Église veut faire comprendre ce qu'est réellement la joie chrétienne.

L'apôtre Paul a dit aux Thessaloniciens : « Mes frères, soyez toujours contents. » Et comment puis-je être content ? Il répond : « Priez, sans cesse, rendez grâce en toute chose. » Nous trouvons la joie chrétienne dans la prière, mais aussi en rendant grâce à Dieu : « Merci, Seigneur, pour toutes ces belles choses ! »

Homélie, 14 décembre 2014

L'abaissement de Dieu

Quel est le *mystère dans lequel Dieu se cache* ? Où puis-je le rencontrer ? Autour de nous, nous voyons des guerres, des enfants exploités, des tortures, des trafics d'armes, la traite de personnes… Dans toutes ces réalités, dans tous ces frères et ces sœurs, plus petits, qui souffrent de ces situations, il y a Jésus. (Cf. Mt 25, 40.45) La crèche nous présente un chemin différent de celui dont rêve le monde : c'est la voie de l'abaissement de Dieu, l'humilité de l'amour de Dieu qui s'abaisse, s'anéantit, la gloire de Dieu cachée dans la mangeoire de Bethléem, dans la croix sur le calvaire, dans le frère et la sœur qui souffrent.

Homélie, 6 janvier 2015

Paix artisanale

Paix aux hommes. La véritable paix – nous le savons – n'est pas l'équilibre entre des forces contraires. Ce n'est pas une belle « façade » qui cache des oppositions et des divisions. La paix est un engagement du quotidien, mais elle est artisanale. Nous la faisons avancer à partir du don de Dieu, de sa grâce qui nous a été donnée en Jésus-Christ.

Pendant que nous regardons l'Enfant dans la crèche, Enfant de la paix, pensons aux enfants, les victimes les plus vulnérables des guerres, mais pensons aussi aux aînés, aux femmes maltraitées, aux malades… Les guerres brisent et blessent tant de vies !

Message *Urbi et Orbi*, Noël 2013

Noël pour « s'exercer à soigner »

Permettez-moi de vous encourager à transformer ce Saint Noël en véritable occasion de « soigner » chaque blessure et de « se guérir » de chaque manquement.

Pour cela, je vous invite à :

- prendre soin de votre vie spirituelle, de votre rapport à Dieu, car c'est la colonne vertébrale de tout ce que nous faisons et de tout ce que nous sommes. Un chrétien qui ne se nourrit pas par la prière, les sacrements et la parole de Dieu, finit inévitablement par dépérir et se dessécher. Prenez soin de votre vie spirituelle ;

- prendre soin de votre vie de famille, en vous occupant de vos enfants et de vos proches, non seulement sur le plan matériel mais surtout par l'attention et l'amour de tous les instants ;
- prendre soin de vos relations avec les autres, en transformant la foi en vie et les paroles en bonnes œuvres, spécialement envers les plus nécessiteux ;
- prendre soin de ce que vous dites, en supprimant de votre langage les paroles agressives, vulgaires, et les phrases décadentes empruntes de vanité ;
- soigner les blessures du cœur avec de l'huile de pardon, en pardonnant aux personnes qui vous ont offensé et en pansant les blessures que vous avez infligées aux autres ;
- prendre soin de votre travail, en l'effectuant avec enthousiasme, humilité, en faisant preuve de compétence et de passion, en sachant rendre grâce au Seigneur ;
- éradiquer l'individualisme, la concupiscence, la haine et les sentiments négatifs qui dévorent notre paix intérieure et font de nous des personnes brisées et destructrices ;
- vous soigner de la rancœur qui incite à la vengeance, et de la paresse qui pousse à l'euthanasie existentielle. De la calomnie qui rend orgueilleux. Cesser de se lamenter en permanence

car cela mène au désespoir. Je sais qu'il arrive, pour garder un emploi, de médire pour se défendre. Je comprends ces situations, mais cette voie n'apporte rien de bon. Elle finit par nous détruire les uns les autres, et cela ne sert à rien. Il est préférable de demander au Seigneur de nous donner la sagesse de nous mordre la langue juste à temps pour éviter de proférer des injures qui laissent un goût amer dans la bouche ;

- prendre soin des frères démunis. Autrement dit, de vous occuper des personnes âgées, malades, affamées, des sans-abris et des étrangers car nous serons jugés pour tout cela ;
- veiller à ce que le Saint Noël ne soit pas le jour de la consommation commerciale, de la superficialité et des cadeaux inutiles ou des dépenses superflues, mais soit plutôt la fête de la joie d'accueillir le Seigneur dans la crèche et dans le cœur.

Prendre soin. Il y a tant de choses qui méritent toute notre attention. Chacun de nous peut penser : « De quoi dois-je prendre soin avant tout ? » Dites-vous : « Aujourd'hui, je prends soin de ceci. » Mais surtout, prenez soin de votre famille ! La famille est précieuse, les enfants sont un trésor. Une question que les jeunes parents se posent peut-être : « Ai-je du temps pour jouer avec mes enfants, ou suis-je trop occupé pour leur accorder du temps ? » Je vous laisse vous interroger. Jouer avec ses enfants : c'est si beau. C'est semer pour récolter demain.

Discours, 22 décembre 2014

Le message de Noël s'adresse à tout le monde

Le Noël qui approche est la fête de la rencontre de Dieu avec l'homme. L'Enfant qui nous a été donné accomplit pleinement la culture de la rencontre à travers son existence. Les non-chrétiens se sentent eux aussi interpellés par le message de Noël de Jésus. Je voudrais que chacun de vous vive intensément ce mystère d'amour… Surtout, je voudrais vous souhaiter que le Seigneur Jésus apporte beaucoup de paix et de sérénité à vos familles, aux enfants, aux personnes âgées et aux malades. Je vous remercie une nouvelle fois, et je vous demande, s'il vous plaît, de prier pour moi. Je vous souhaite un joyeux Noël !

Discours, 20 décembre 2013

La joie de Noël

Pour préparer Noël dans la joie, il faut premièrement prier : « Seigneur, que je vive Noël dans une joie authentique. » Pas dans la joie de la consommation qui nous rend anxieux le 24 décembre par crainte « qu'il me manque ceci ou cela »… Non, ce n'est pas cela, la joie de Dieu. Priez. Deuxièmement : rendre grâce au Seigneur pour toutes les bonnes choses qu'il nous a données. Troisièmement, demandez-vous comment aller vers les autres, vers ceux qui sont en difficulté – pensons aux personnes qui souffrent de maladies, ou de tant d'autres problèmes – pour apporter un peu de douceur, de paix, de joie. C'est cela, la joie du chrétien.

Ne l'oubliez pas : nous prions pour demander la joie de Noël. Nous rendons grâce à Dieu pour tout ce qu'il nous a donné, avant tout la foi. C'est une grande grâce. Enfin, demandons-nous où aller pour offrir un peu de soulagement, de paix à ceux qui souffrent.

Prier, rendre grâce et être secourable.

C'est comme cela que nous apparaîtrons au Noël de l'Oint, du Christ, oints de grâce, de prière, d'actions de grâce et de charité.

Homélie, 14 décembre 2014

Ramène Dieu à la maison, et appelle tes voisins !

Dieu s'invite à la maison. Il réveille en l'homme son désir de l'accueillir dans sa vie, chez lui, dans son cœur. Il réveille en nous le désir d'appeler les voisins pour leur faire connaître sa beauté.

Homélie, 27 juillet 2013

Les Mages et les interrogations de tout homme en quête permanente

« Et moi, qu'ai-je ?
Un cœur fatigué qui veut
seulement s'installer
avec quelques affaires,
et un beau compte en banque ?
Ou un cœur inquiet,
qui ne cesse de chercher les choses
du Seigneur ? »

Homélie, Sainte-Marthe, 21 juin 2013

En quête

Selon la tradition, les Mages étaient des érudits : ils étudiaient les astres et scrutaient le ciel, dans un contexte culturel marqué par des croyances qui attribuaient aux étoiles des significations et des influences sur le cours de l'humanité.

Les Mages représentent les hommes et les femmes à la recherche de Dieu dans les religions et les philosophies du monde entier : une quête sans fin. Hommes et femmes lancés dans une quête.

Homélie, 6 janvier 2015

Suivre la lumière

« *Lumen requirunt lumine.* » Cette expression, évocatrice d'un hymne liturgique de l'Épiphanie, se réfère à l'expérience des Mages : ils cherchent *la* lumière en suivant *une* lumière. L'étoile apparue dans le ciel allume dans leur esprit et dans leur cœur une lumière qui les envoie à la recherche de la grande lumière du

Christ. Les Mages ont fidèlement suivi cette lumière qui les a envahis intérieurement, et ils ont rencontré le Seigneur.

Le destin de tout homme est symbolisé par le parcours des Mages d'Orient : notre vie est un cheminement dont les lumières éclairent notre route, afin que nous trouvions la plénitude de la vérité et de l'amour, que nous, chrétiens, reconnaissons en Jésus, lumière du monde. Et tout homme, comme les Mages, dispose de deux grands « livres » dans lesquels puiser des signes pour s'orienter durant son pèlerinage : le livre de la création et le livre des Saintes Écritures. L'essentiel est d'être attentif, de veiller, d'écouter Dieu qui nous parle, qui ne cesse jamais de nous parler. Comme dit le psaume, en se référant à la loi du Seigneur : « Ta Parole / éclairage pour mes pas / Lumière / pour mon trajet. » (Ps 119, 105) Écouter principalement l'Évangile, le lire, le méditer et en faire notre nourriture spirituelle pour nous préparer à rencontrer Jésus vivant, apprendre de lui et de son amour.

Homélie, 6 janvier 2014

La grande lumière et les petites lumières

L'homme contemporain a renoncé à rechercher une grande lumière, une grande vérité, se contentant de petites lumières qui n'éclairent qu'un court instant, et qui ne peuvent pas indiquer le chemin. Quand la lumière vient à manquer, tout devient confus. Il est impossible de distinguer le bien du mal, la bonne route de celle qui nous fait constamment tourner en rond, sans direction.

Il est urgent de retrouver la nature de la lumière propre à la foi, car lorsqu'une flamme s'éteint toutes les autres lumières vacillent. La lumière de la foi possède en réalité un caractère singulier, en ce qu'elle est capable d'éclairer *toute* l'existence de l'homme. Une lumière aussi vive ne peut pas émaner de nous-mêmes, elle doit provenir d'une source plus originelle. En définitive, elle doit venir de Dieu.

Lumen Fidei, n° 3-4

L'étoile

Sur leur chemin, les Mages rencontrent de nombreux obstacles. Quand ils arrivent à Jérusalem, ils se rendent au palais du roi parce qu'il leur semble évident que le nouveau roi naisse dans le palais royal. Mais là, ils perdent l'étoile de vue. L'étoile disparaît si souvent ! Dans le palais, les Mages traversent un moment d'obscurité, de désolation qu'ils réussissent à surmonter grâce aux conseils de l'Esprit Saint, qui s'exprime à travers les prophéties de l'Écriture sainte. Elles annoncent que le Messie verra le jour à Bethléem, la cité de David.

À ce moment-là, ils reprennent leur chemin et l'étoile reparaît : l'évangéliste précise que « la vue de l'étoile les transporte de joie. » (Mt 2, 10) C'est une véritable consolation. Arrivés à Bethléem, ils trouvent « l'enfant, avec Marie, sa mère ». (Mt 2, 11) Après celle de Jérusalem, à la résidence d'Hérode, ils font face à *la seconde, la grande tentation* : refuser cette petitesse. Au lieu de ça, « ils se prosternent, lui rendent hommage », lui offrant leurs dons précieux et symboliques. C'est toujours *la grâce de l'Esprit Saint* qui les aide : cette grâce qui, par le biais de l'étoile, les a appelés et guidés tout au long du chemin, et les fait maintenant *entrer dans le mystère*. Guidés par l'Esprit, ils admettent que les critères de Dieu sont très différents de ceux des hommes, que Dieu ne se manifeste pas dans la puissance de ce monde, mais par l'humilité de son amour. L'amour de Dieu est grand, oui. L'amour de Dieu est puissant, c'est vrai. Mais l'amour de Dieu est humble, très humble ! Les Mages sont ainsi des modèles de la conversion à la foi véritable parce qu'ils ont cru davantage en la bonté de Dieu qu'en la prétendue splendeur du pouvoir.

Homélie, 6 janvier 2015

Dieu respecte nos yeux

Dieu est lumineux, il peut être trouvé par ceux qui le cherchent avec un cœur sincère. Cette recherche est représentée par les Mages, guidés par l'étoile jusqu'à Bethléem. Pour eux, la lumière de Dieu s'est révélée sous la forme d'un chemin, d'une étoile qui les guide le long d'une route faite de découvertes. L'étoile évoque ainsi la patience de Dieu envers nos yeux, qui doivent s'habituer à sa splendeur. L'homme religieux est en chemin et doit être prêt à se laisser guider, à sortir de lui-même pour trouver le Dieu qui ne cesse de le surprendre. Ce respect de Dieu envers les yeux de l'homme nous montre que, quand l'homme s'approche de lui, la lumière humaine ne se dissout pas dans l'immensité lumineuse de Dieu, comme une étoile au point du jour. Elle devient plus brillante à mesure qu'elle s'approche du feu original, comme un miroir qui reflèterait sa splendeur.

Lumen fidei, n° 35

Les Mages dans le mystère

Les Mages *sont entrés dans le mystère*. Ils sont passés des théories humaines au mystère : telle a été leur conversion. Et la nôtre ? Demandons au Seigneur de nous accorder de suivre le même chemin de conversion que les Mages. Qu'il nous défende et nous libère des tentations qui cachent l'étoile. Que nous nous inquiétions toujours de savoir où est l'étoile, quand – pris par les tromperies du monde – nous la perdons de vue. Que nous apprenions à connaître d'une façon constamment renouvelée le mystère de Dieu. Que nous ne nous scandalisions pas du « signe », de l'indication, ce signe envoyé par les anges : « un enfant emmailloté et couché dans une étable » (Lc 2, 12), et que nous ayons l'humilité de demander à sa mère, notre Mère, de nous le montrer. Que nous trouvions le courage de nous libérer de nos illusions, de nos présomptions, de nos « petites lumières », et que nous cherchions ce courage dans l'humilité de la foi. Que nous puissions rencontrer la lumière, *Lumen*, comme l'ont fait les saints Mages. Puissions-nous entrer dans le mystère. Ainsi soit-il.

Homélie, 6 janvier 2015

Ne te contente pas d'une vie médiocre

Durant la fête de l'Épiphanie, où nous nous rappelons que Jésus s'est manifesté à l'humanité dans le visage d'un enfant, nous sentons les Mages auprès de nous, comme de sages compagnons de route. Leur exemple nous aide à lever les yeux vers l'étoile et à suivre les grands désirs de notre cœur. Ils nous apprennent à ne pas nous contenter d'une vie médiocre, du « petit cabotage », mais à nous laisser toujours fasciner par ce qui est bon, vrai, beau… par Dieu, qui est tout cela avec grandeur ! Ils nous enseignent par ailleurs à ne pas nous laisser tromper par les apparences, par ce qui pour le monde est grand, sage, puissant. Cela ne suffit pas. Il est nécessaire de garder la foi. En cette période, il est plus important que jamais de garder la foi. Il faut aller plus loin, au-delà de l'obscurité, au-delà du charme des sirènes, au-delà des vanités, au-delà de la modernité du quotidien, et se diriger vers Bethléem, là où, dans la simplicité d'une maison de village, entre une mère et un père emplis d'amour et de foi, resplendit le Soleil venu d'en haut, le Roi de l'univers. À l'instar des Mages, avec nos petites lumières, cherchons la lumière et gardons la foi. Ainsi soit-il !

Homélie, 6 janvier 2014

« Vadrouiller » n'est pas « marcher »

Prendre le bon chemin, choisir sa voie : qu'est-ce que cela signifie ? Ne pas tenir en place – un jeune ne peut pas rester en place ! – et *marcher*. Cela veut dire *aller vers quelque chose*, car on peut bouger sans pour autant avancer, comme un « errant » qui vadrouille, vadrouille, vadrouille tout au long de sa vie. Mais la vie n'est pas faite pour être traversée en *vadrouillant*, elle est faite pour être parcourue en *marchant*. C'est cela, votre défi !

Alors que vous êtes à la recherche de ce qui compte vraiment, de ce qui est durable et définitif, vous cherchez des réponses qui éclairent votre esprit et réchauffent votre cœur, pas seulement le temps d'une matinée ou d'un petit bout de chemin, mais indéfiniment. La lumière dans le cœur pour toujours, la lumière dans l'esprit pour toujours, le cœur réchauffé à jamais.

Discours, 5 juillet 2014

Errants et marcheurs

Chrétiens à l'arrêt : cela m'est pénible, car tout ce qui est immobile, qui n'avance pas, se gâte. Comme l'eau stagnante, la première à être corrompue parce qu'elle ne circule pas. Certains chrétiens confondent « marcher » et « vadrouiller ». Ce ne sont pas des « marcheurs », ce sont des errants, qui vadrouillent de-ci de-là toute leur vie. Ils sont dans un labyrinthe, et ils errent... Il leur manque la *parrhesia*[1], l'audace d'avancer. Il leur manque l'espérance. Les chrétiens sans espérance passent leur vie à tourner en rond. Ils ne sont pas capables d'aller plus loin. Nous ne sommes sûrs que lorsque nous marchons en présence du Seigneur Jésus. Il nous éclaire, il nous donne son Esprit pour marcher correctement.

Discours, 28 juillet 2014

Épiphanie permanente

Les Mages venus d'Orient sont les premiers d'une procession ininterrompue depuis lors, qui, à travers toutes les époques, reconnaît le message de l'étoile et trouve l'Enfant qui nous indique la tendresse de Dieu. De nouvelles personnes sont sans cesse éclairées par la lumière de l'étoile, elles trouvent le chemin et parviennent jusqu'à lui.

Homélie, 6 janvier 2015

1. La *parrhesia* est à l'origine une notion grecque que l'on traduit par « liberté de parole », et qui est reprise dans le Nouveau Testament pour désigner le franc-parler.

Courir ensemble vers un même but

Le rugby est un sport très sympathique, et je vais vous expliquer pourquoi je l'apprécie : c'est un sport dur, et les affrontements physiques y sont nombreux mais jamais violents. Il en ressort une grande loyauté, un grand respect. Jouer au rugby est fatigant. *No es un paseo*, ce n'est pas une promenade de santé ! Je pense que c'est utile pour forger le caractère, la force de volonté.

Autre aspect essentiel : l'équilibre entre le groupe et l'individu. Il y a les fameuses « mêlées », parfois très impressionnantes ! Les deux équipes s'affrontent, deux groupes soudés qui se repoussent l'un l'autre et se contrebalancent. Il y a aussi les actions individuelles, les courses agiles vers le « but » ! Ce mot si beau, si important, nous renvoie à la vie, car notre vie entière tend vers un but. Et cette quête – ce but – est épuisante, elle exige de lutter, de s'engager, mais ce qui compte, c'est de ne pas courir seul ! Pour franchir la ligne d'arrivée, il faut courir collectivement, se passer le ballon de main en main de manière à avancer ensemble, jusqu'au but. Et là, c'est la fête !

Rencontre avec les athlètes, 22 novembre 2013

Le voyage de l'âme

Le récit évangélique des Mages décrit leur voyage depuis l'Orient comme un voyage de l'âme, comme *un chemin à la rencontre du Christ*. Ils sont *attentifs aux signes* qui indiquent sa présence. *Infatigables*, ils bravent les obstacles de leur quête. Ils ont le *courage* de tirer les leçons de vie qui découlent de la rencontre avec le Seigneur. C'est cela, la vie : la vie chrétienne consiste à marcher, mais en restant attentif, inlassable et courageux. C'est ainsi qu'un chrétien chemine. Il marche en étant attentif, inlassable et courageux. L'expérience des Mages évoque le chemin de tout homme vers le Christ. Comme pour les Mages, pour nous aussi chercher Dieu signifie *marcher* – et comme je l'ai dit : en étant attentif, inlassable et courageux – en fixant le ciel, afin d'apercevoir dans le signe visible de l'étoile le Dieu invisible qui parle à notre cœur. L'étoile qui est en mesure de guider chaque homme vers Jésus est la *parole de Dieu*, Parole présente dans la Bible, dans les Évangiles. La parole de Dieu est la lumière qui oriente notre chemin, nourrit et régénère notre foi. C'est la parole de Dieu qui renouvelle continuellement nos cœurs et nos communautés.

Angélus, 6 janvier 2015

Salut universel

Par leur geste d'adoration, les Mages témoignent que Jésus est venu sur la terre pour sauver non pas un seul peuple mais tous les êtres humains. Par conséquent, notre regard s'élargit à l'horizon du monde entier pour célébrer la « manifestation » du Seigneur à toutes les nations, c'est-à-dire la manifestation de l'amour et du salut universel de Dieu. Dieu ne réserve pas son amour à quelques privilégiés, il le distribue à tous. De même qu'il est le Créateur et le Père de tous, il veut être le Sauveur de tous. C'est pourquoi nous sommes appelés à entretenir notre confiance et notre espérance à l'égard de chaque personne et de son salut : même celles qui semblent éloignées du Seigneur sont suivies – ou plutôt, « poursuivies » – par son amour passionné, par son amour fidèle et humble. Car l'amour de Dieu est humble, si humble !

Angélus, 6 janvier 2015

La sainte Famille de Nazareth et les familles du monde entier

« Le Seigneur juge notre vie
en écoutant ce que lui rapportent
les anges des enfants,
des anges qui “voient toujours le
visage du Père qui est aux cieux”.
Demandons-nous toujours :
que vont-ils dire de nous à Dieu,
ces anges des enfants ? »

Audience générale, 8 avril 2015

Générations

L'Évangile selon saint Luc (Cf. Lc 2, 22-24) nous présente la Vierge et saint Joseph au moment où, quarante jours après la naissance de Jésus, ils se rendent au temple de Jérusalem. Ils obéissent religieusement à la loi de Moïse qui prescrit d'offrir au Seigneur le fils premier-né.

Nous pouvons imaginer cette petite famille, parmi tant de gens, dans les grandes cours du Temple. Elle ne saute pas aux yeux, elle ne se démarque pas des autres. Et pourtant, elle ne passe pas inaperçue ! Deux personnes âgées, Siméon et Anne, animées par l'Esprit Saint, s'approchent et louent Dieu pour cet Enfant, en qui ils reconnaissent le Messie, lumière des peuples et salut d'Israël. (Cf. Lc 2, 22-38) C'est un instant simple mais riche de prophétie : la rencontre entre deux jeunes époux emplis de joie et de foi par la grâce du Seigneur et deux aînés, également emplis de joie et de foi par l'action de l'Esprit. Qui les fait se rencontrer ? Jésus.

Angélus, 28 décembre 2014

Ai-je rêvé aujourd'hui ?

J'aime beaucoup la notion de rêve dans une famille. Toutes les mamans et tous les papas ont rêvé de leur enfant pendant neuf mois. C'est vrai, non ? Ils ont rêvé comment sera cet enfant, par exemple. Une famille sans rêves, c'est impossible. Lorsqu'une famille perd la capacité de rêver, les enfants ne grandissent plus et l'amour ne se développe plus, la vie se fane et s'éteint. Pour cela, le soir, pendant votre examen de conscience, je vous conseille de vous poser ces questions : aujourd'hui, ai-je rêvé l'avenir de mes enfants ? Ai-je rêvé l'amour de mon époux, de mon épouse ? Aujourd'hui, ai-je rêvé de mes parents, de mes grands-parents qui ont prolongé l'histoire jusqu'à moi ? C'est très important de rêver. Avant tout, rêvez pour votre famille. Ne perdez pas la capacité de rêver !

Discours, 16 janvier 2015

Nazareth

Comme Marie et Joseph, toute famille chrétienne peut commencer par accueillir Jésus, l'écouter, parler avec lui, l'abriter, le protéger, grandir avec lui – et rendre ainsi le monde meilleur.

Faisons une place au Seigneur dans notre cœur et dans notre quotidien. Comme le firent Marie et Joseph, même si ce ne fut pas facile : que de difficultés ils durent surmonter ! Ce n'était pas une fausse famille, ce n'était pas une famille irréelle. La famille de Nazareth nous engage à retrouver la vocation et la mission de la famille, de toutes les familles. Et, comme c'est arrivé durant ces trente années à Nazareth, cela peut se produire pour nous aussi : faire régner l'amour plutôt que la haine, pratiquer chaque jour l'entraide plutôt que l'indifférence ou l'hostilité.

Ce n'est pas un hasard si « Nazareth » signifie « celle qui garde », comme Marie qui – dit l'Évangile – « gardait toutes ces choses en son cœur. » (Cf. Lc 2, 19.51) Dès lors, chaque fois qu'une famille recueille ce mystère, même à la périphérie du monde, le mystère du Fils de Dieu, le mystère de Jésus qui vient nous sauver est à l'œuvre. Et il vient pour sauver le monde. C'est cela, la grande mission de la famille : faire place à Jésus qui vient, accueillir Jésus dans la famille, en la personne de l'enfant, du mari, de la femme, des grands-parents… Jésus est là. Accueillez-le, afin qu'il croisse spirituellement dans votre famille. Afin que le Seigneur nous accorde cette grâce en ces tout derniers jours qui précèdent Noël. Merci.

Audience générale, 17 décembre 2014

Famille universelle

Nous tous, et tous les êtres de l'univers, qui avons été créés par le même Père, sommes unis par des liens invisibles. Nous formons une sorte de famille universelle, une communion sublime qui nous amène à un respect sacré, bienveillant et humble.

Laudato si' (lettre encyclique), n° 89

Se reposer dans la prière

Pour les familles, se reposer dans la prière est particulièrement important. C'est d'abord en famille que nous apprenons à prier. N'oubliez pas : quand la famille prie ensemble, elle reste ensemble. C'est essentiel. Là, nous parvenons à connaître Dieu, à grandir en tant qu'hommes et femmes de foi, à sentir que nous sommes des membres de la plus grande famille de Dieu, l'Église. En famille, nous apprenons à aimer, à pardonner, à nous montrer généreux et ouverts, et non pas fermés et égoïstes. Nous apprenons à aller au-delà de nos besoins, à la rencontre des autres et à partager notre vie avec eux. Voilà pourquoi prier en famille est important ! Tellement important ! Voilà pourquoi les familles sont aussi importantes dans le dessein de Dieu pour l'Église ! Se reposer dans le Seigneur, c'est prier. Prier ensemble en famille.

Discours, 16 janvier 2015

Là où l'on apprend la vie

Je souhaiterais souligner le rôle central de la famille car c'est le lieu où la vie, don de Dieu, peut être accueillie selon les exigences d'un épanouissement humain authentique. Contre la soi-disant culture de la mort, la famille est le siège de la culture de la vie. Dans la famille, on cultive les premiers réflexes d'amour et de préservation de la vie, comme le bon usage des objets, l'ordre et la propreté, le respect de l'environnement et la protection de toutes les créatures. La famille est le lieu de la formation intégrale, où se produit la maturation personnelle sous tous ses aspects, intimement liés. En famille, on apprend à demander humblement la permission, à dire « merci » comme l'expression d'une juste évaluation de ce que l'on reçoit, à contrôler l'agressivité ou la cupidité, et à s'excuser pour les dommages que l'on cause. Ces petits gestes sincères de politesse aident à bâtir une culture de la vie partagée et du respect envers ce qui nous entoure.

Laudato si' (lettre encyclique), n° 213

La chaîne de la foi

Le 26 juillet de chaque année, l'Église célèbre les parents de la Vierge Marie, les grands-parents de Jésus : saint Joachim et sainte Anne. Dans leur maison, Marie est venue au monde, portant avec elle l'extraordinaire mystère de l'Immaculée Conception. Dans leur maison, elle a grandi entourée de leur amour et de leur foi. Dans leur maison, elle a appris à écouter le Seigneur et à suivre sa volonté. Les saints Joachim et Anne font partie d'une longue chaîne qui a transmis la foi et l'amour de Dieu, dans la chaleur de la famille, jusqu'à Marie qui a accueilli en son sein le Fils de Dieu et l'a donné au monde, nous l'a donné. La valeur précieuse de la famille comme lieu privilégié de la transmission de la foi !

Angélus, 26 juillet 2013

La danse de la Vierge Enfant

Dans l'iconographie mariale de la Présentation de Marie au Temple, si marquante, la Vierge Enfant s'éloigne de ses parents pour monter les marches du Temple. Marie ne regarde pas en arrière et, dans une référence claire à l'avertissement évangélique, résolue, elle va de l'avant. Nous aussi, comme les disciples dans l'Évangile, nous nous mettons en chemin pour porter à tous les peuples, partout, la Bonne Nouvelle de Jésus.

D'une certaine façon, à travers l'image de la Vierge Enfant montant au Temple, nous pouvons voir l'Église qui accompagne le disciple missionnaire. Elle est avec ses parents, qui lui ont transmis la mémoire de la foi et qui l'offrent généreusement au Seigneur afin qu'elle poursuive son chemin. On y trouve également sa communauté, représentée par « la suite des vierges », « ses compagnes » aux lampes allumées (Cf. Ps 44, 15) en qui les Pères de l'Église voient une prophétie de tous ceux qui, sur le modèle de Marie, s'appliquent sincèrement à être les amis de Dieu. Il y a aussi les prêtres, qui attendent de la recevoir et qui nous rappellent que dans l'Église, les bergers ont la responsabilité d'accueillir avec tendresse et d'aider à discerner chaque esprit et chaque appel.

L'image de la Présentation nous apprend que la Vierge Enfant, une fois bénie par les prêtres, s'est levée des marches de l'autel sur lesquelles elle était assise et s'est mise à danser. Je pense à la joie qui ressort des représentations du banquet de noces, des amis du mari, de la femme parée de bijoux.

C'est la joie de celui qui a découvert un trésor et qui a tout quitté pour lui. Rencontrer le Seigneur, vivre dans sa maison, partager son intimité, tout cela engage à annoncer le Royaume et à apporter le salut à tous.

Discours, 8 juillet 2015

Ventres à… bénir

Les enfants sont aimés avant leur venue au monde. Combien de fois une maman sur la place m'a-t-elle montré son ventre et demandé la bénédiction ! Ces enfants sont aimés avant de naître. C'est cela la gratuité, c'est cela l'amour. Ils sont aimés avant la naissance, comme l'amour de Dieu qui précède tout. Ils sont aimés avant d'avoir fait quoi que ce soit pour le mériter, avant de savoir parler ou penser, avant même de venir au monde ! Être enfant est la condition fondamentale pour connaître l'amour de Dieu, qui est la source ultime de cet authentique miracle. Dans l'âme de chaque enfant, si vulnérable soit-il, Dieu appose le sceau de son amour, qui est à la base de sa dignité personnelle, une dignité que rien ni personne ne pourra détruire.

Audience générale, 11 février 2015

Partager les friandises

Pour des parents, tous les enfants sont dignes du même amour, quel que soit leur caractère.

En revanche, quand un enfant refuse de partager ce qu'il a reçu gratuitement de ses parents, cette relation se rompt ou, plus couramment, elle entre en crise. Les premières réactions, qui parfois sont antérieures à la prise de conscience de la mère, débutent durant la grossesse. L'enfant commence à adopter des comportements étranges, à vouloir rompre le lien parce qu'un signal d'avertissement s'allume dans son esprit : attention, car il y a concurrence ; attention, car tu n'es plus le seul. C'est curieux. L'amour de ses parents l'aide à se défaire de son égoïsme pour apprendre à vivre avec celui ou celle qui arrive et avec les autres, pour apprendre à renoncer afin de s'ouvrir aux autres. J'aime demander aux enfants : « Si tu avais deux bonbons et qu'un ami venait te voir, que ferais-tu ? » Ils hésitent, ils passent de « je leur donne », « je partage », à « je les mets dans ma poche ». L'enfant apprend à s'ouvrir aux autres. Appliqué à la société actuelle, cela signifie que la gratuité n'est pas accessoire, mais que c'est une condition nécessaire à la justice.

Homélie, 7 juillet 2015

Vie simple

Le regard que nous posons sur la sainte Famille est attiré par la simplicité de la vie qu'elle a menée à Nazareth. C'est un exemple qui fait énormément de bien à nos familles, car il les aide à devenir toujours plus sûrement une communauté d'amour et de réconciliation, dans laquelle on fait l'expérience de la tendresse, de l'entraide, du pardon réciproque. Souvenons-nous des trois mots essentiels à une vie de famille sereine et joyeuse : s'il te plaît, merci et je m'excuse. Quand, dans une famille, on n'est pas intrusif et que l'on demande « s'il te plaît » ; quand, dans une famille, on n'est pas égoïste et que l'on apprend à dire « merci » ; et quand, dans une famille, on se rend compte que l'on a fait quelque chose de mal et que l'on sait s'excuser... Dans cette famille, la paix et la joie règnent. Souvenons-nous de ces trois formules. Nous pouvons les répéter tous ensemble : s'il te plaît, merci et je m'excuse.

Angélus, 29 décembre 2013

Dieu au milieu

Le message transmis par la sainte Famille est avant tout un message de foi. Dans la vie de famille de Marie et Joseph, Dieu est véritablement au centre, et il l'est dans la personne de Jésus. C'est pour cela que la famille de Nazareth est sainte. Pourquoi ? Parce qu'elle est axée sur Jésus.

Angélus, 28 décembre 2014

Pain quotidien

Le Seigneur s'inquiète pour ses enfants, comme n'importe quel parent : il se préoccupe de donner à ses enfants une *nourriture substantielle*. À travers le prophète, Dieu dit : « À quoi bon payer pour manquer de pain ? N'avoir pour salaire que la frustration ? » (Is 55, 2) Dieu, comme un bon papa ou une bonne maman, veut donner de bonnes choses à ses enfants. Et quelle est cette nourriture substantielle que Dieu nous donne ? *Sa Parole*. Sa Parole nous fait croître, nous fournit de bons fruits, comme la pluie et la neige font du bien à la terre et la rendent féconde. (Cf. Is 55, 10-11) Ainsi, vous parents, et vous aussi, parrains et marraines, grands-parents, oncles et tantes, vous aiderez ces enfants à bien grandir si vous leur donnez la parole de Dieu, l'Évangile de Jésus. Et montrez-leur aussi l'exemple ! Tous les jours, prenez l'habitude de leur lire un passage de l'Évangile, dès leur plus tendre enfance, et gardez toujours dans la poche ou dans le sac un petit Évangile, pour pouvoir le lire. Ce sera un exemple pour les enfants de voir papa, maman, parrain et marraine, grand-père et grand-mère, les oncles et tantes, lire la parole de Dieu.

Homélie, 11 janvier 2015

Nous sommes toujours des enfants

Les enfants nous rappellent à une certaine beauté. Ils nous rappellent que nous sommes toujours des enfants : même à l'âge adulte, même quand on vieillit, ou que l'on devient parent, et que l'on occupe un poste à responsabilité, dans le fond, l'identité de l'enfant demeure. Nous sommes tous des enfants. Et cela nous renvoie sans cesse au fait que nous ne nous sommes pas donné nous-mêmes la vie mais que nous l'avons reçue. Le grand don de la vie est le premier cadeau que nous ayons reçu. Parfois, nous risquons de vivre dans l'oubli de cela, comme si nous étions les maîtres de notre existence, alors que nous sommes radicalement dépendants. En réalité, c'est un motif de grande joie d'entendre qu'à tout âge de la vie, en toute circonstance, en dépit des conditions sociales, nous sommes et demeurons des enfants. C'est le message principal que les enfants nous transmettent, par leur présence même : par leur simple présence, ils nous rappellent que nous tous et chacun de nous, nous sommes des enfants.

Audience générale, 18 mars 2015

Aide mutuelle

La fraternité, au sein de la famille, resplendit d'une façon particulière face à la sollicitude, la patience, l'affection qui entourent *le petit frère ou la petite sœur plus faible*, malade ou porteur d'un handicap. Les frères et les sœurs qui font cela sont très nombreux, dans le monde entier, et peut-être n'apprécions-nous pas suffisamment leur générosité. Quand la famille est nombreuse – aujourd'hui, j'ai salué une famille de neuf enfants –, le plus grand, ou la plus grande, aide le papa et la maman à s'occuper des plus petits. Ce travail d'entraide entre frères et sœurs est beau.

Audience générale, 18 février 2015

Les grands ne doivent pas se décharger de leurs fautes sur les petits

Ne faisons pas porter le poids de nos fautes par les enfants, s'il vous plaît ! Les enfants ne sont jamais une « erreur ». Leur faim n'est pas une erreur, de même que leur pauvreté, leur vulnérabilité, leur abandon. Il y a tant d'enfants abandonnés dans les rues. Ce n'est pas plus imputable à leur ignorance ou à leur incapacité – tant d'enfants ignorent ce qu'est une école. Ce sont autant de raisons de les aimer davantage, avec plus de générosité. À quoi bon faire des déclarations solennelles des droits de l'homme et de l'enfant, si c'est pour ensuite faire payer aux enfants les erreurs des adultes ?

Audience générale, 8 avril 2015

Les enfants sont un don

Les enfants sont un don, un cadeau : vous comprenez ? Les enfants sont un don. Chacun d'entre eux est unique et irremplaçable. Et en même temps, les enfants sont attachés à des racines qui leur sont propres. En effet, être fils ou fille, selon le dessein de Dieu, implique de porter en soi la mémoire et l'espérance d'un amour qu'il a réalisées lui-même en allumant la vie d'un autre être humain, original et neuf. Et pour les parents, chaque enfant est une personne à part entière, différente, autre. Permettez-moi d'évoquer un souvenir personnel. Ma maman disait – nous étions cinq – : « Moi, j'ai cinq enfants. » Quand on lui demandait : « Lequel préfères-tu ? », elle répondait : « J'ai cinq enfants, comme les cinq doigts de la main. (Le Saint-Père montre sa main.) Si on me tape sur celui-là, j'ai mal à la main. Si on me tape sur l'autre, j'ai mal à la main. Les cinq doigts me font mal. Ce sont tous mes enfants, et ils sont tous différents comme les doigts d'une main. » C'est cela, la famille ! Les enfants sont différents, mais ils sont tous des enfants.

Audience générale, 11 février 2015

Querelles

Rompre les liens dans la fratrie est laid et mauvais pour l'humanité. Dans les familles, il arrive que des frères se querellent pour trois fois rien, ou pour un héritage ; et ensuite ils ne se parlent plus, ne se saluent plus. Cela est laid ! La fraternité est une grande chose quand on pense que tous les frères ont vécu dans le ventre de la même mère pendant neuf mois, qu'ils proviennent tous de la chair de leur maman ! La fraternité ne se rompt pas. Réfléchissons un instant : nous connaissons tous des familles dont les frères sont divisés suite à une dispute. Demandons au Seigneur, pour ces familles – peut-être y en a-t-il quelques cas dans la nôtre –, de les aider à réunir les frères, à reconstituer leur famille.

Audience générale, 18 février 2015

Où est ton frère ?

Dans le récit de Caïn et Abel, nous voyons la jalousie conduire Caïn à commettre l'injustice extrême à l'encontre de son frère. À son tour, cela provoque une rupture des relations entre Caïn et Dieu, puis entre Caïn et la terre, dont il est ensuite chassé. Ce passage est résumé dans la conversation dramatique entre Dieu et Caïn. Dieu demande : « Où est Abel, ton frère ? » Caïn répond qu'il ne le sait pas, mais Dieu insiste : « Tu as fait quoi ? La voix des sangs de ton frère / crie du sol jusqu'à moi / Sois maudit coupé du sol. » (Gn 4, 9.11) Négliger l'engagement à cultiver et à maintenir une relation convenable avec un proche, envers lequel j'ai le devoir d'être prévenant et protecteur, détruit ma relation intérieure avec moi-même, avec les autres, avec Dieu et la terre. Quand toutes ces relations sont négligées, quand la justice ne règne plus sur la terre, la Bible nous dit que toute la vie est en danger.

Laudato si' (lettre encyclique), n° 70

Se sentir chez soi

Notre société est victorieuse quand chaque individu, chaque groupe social, *se sent vraiment chez lui*. Dans une famille, les parents, les grands-parents, les enfants sont chez eux. Personne n'est exclu. Si l'un des membres de la famille rencontre des difficultés, même graves, même s'il « l'a bien cherché », les autres viennent à son secours, ils le soutiennent. Sa douleur est l'affaire de tous. Il me revient à l'esprit l'image de ces femmes, de ces épouses, que j'ai vues à Buenos Aires faire la queue devant la prison, les jours de visite. Elles venaient voir leur fils ou leur mari, qui s'était mal comporté. Elles voulaient leur dire dans un langage simple qu'elles ne les abandonnaient pas et qu'ils avaient toujours leur place à la maison. Il y a beaucoup à apprendre de ces femmes ! Dans la société, n'est-ce pas un but à atteindre ? Et cependant, dans nos relations sociales ou dans le jeu politique – en particulier dans ce cas –, notre comportement se fonde sur la compétition, qui est source de rejet. Ma position, ma conception, mon dessein sont renforcés dès qu'il est question de battre l'autre, de s'imposer, d'éliminer. C'est ainsi que nous construisons une culture de l'exclusion qui, à notre époque, a pris une dimension internationale, s'est amplifiée. Est-ce cela, former une famille ? Dans les familles, chacun contribue à un projet commun, chacun œuvre dans l'intérêt général, mais sans nier l'individu. Au contraire, chacun le soutient, le promeut. Malgré les querelles, il y a quelque chose d'intouchable : les liens familiaux. En famille, les désaccords aboutissent à la réconciliation. Les joies et les souffrances de chacun deviennent celles de tous. C'est cela, être une famille ! Si seulement nous pouvions poser sur l'adversaire politique ou sur le voisin le même regard que sur les enfants, les épouses, les maris, les pères et les mères... Que ce serait beau !

Homélie, 7 juillet 2015

Dire oui et dire non

Soyons attentifs aux nouvelles colonisations idéologiques. Certaines visent à détruire la famille. Elles ne sont pas issues du rêve, de la prière, de la rencontre avec Dieu, de la mission que Dieu nous confie. Elles viennent de l'extérieur, et c'est pour cela que je parle de colonisation. Ne perdons pas la liberté de vivre la mission que Dieu nous donne, la mission de la famille. De même que nos peuples, à un moment de leur histoire, sont devenus suffisamment matures pour dire « non » à toute colonisation politique, nous devons, en tant que famille, être très, très clairvoyants, très habiles et très forts pour dire « non » aux tentatives de colonisation idéologique de la famille. Nous devons demander à saint Joseph, l'ami de l'Ange, de nous donner l'inspiration, afin de savoir quand il est possible de dire « oui » et quand il faut dire « non ».

Discours, 16 janvier 2015

Fraternité

En famille, entre frères, on apprend à cohabiter humainement, comme on doit vivre ensemble en société. Peut-être n'en sommes-nous pas toujours conscients, mais c'est véritablement la famille qui introduit la fraternité dans le monde ! À partir de cette première expérience de fraternité, nourrie par l'affection et l'éducation familiale, le jeu de la fraternité rayonne comme une promesse sur toute la société et sur les relations entre les peuples. La bénédiction que Dieu, *en Jésus-Christ*, répand sur ce lien fraternel, *l'élargit* d'une façon inimaginable, à tel point qu'il dépasse toute différence de nation, de langue, de culture et même de religion.

Audience générale, 18 février 2015

Pères courageux

S'il existe quelqu'un qui peut expliquer jusqu'au bout la prière du *Notre Père*, enseignée par Jésus, c'est précisément celui qui vit personnellement la paternité. Sans la grâce qui vient du Père qui est aux cieux, les pères perdent courage et abandonnent la partie. Mais les enfants ont besoin de trouver un père qui les attende quand ils viennent d'essuyer un échec. Ils feront tout pour ne pas l'admettre, pour ne pas le montrer, mais ils en ont besoin. Et l'absence de ce père ouvre en eux des blessures difficiles à soigner.

Audience générale, 4 février 2015

Comment aimer les enfants

On aime un enfant parce qu'il est un enfant, pas parce qu'il est beau, ou parce qu'il est comme ceci ou comme cela. Non, parce que c'est un enfant ! Non pas parce qu'il pense comme moi, ou qu'il est l'incarnation de mes désirs. Un enfant est un enfant : une vie générée par nous mais destinée à lui, à son bien-être, au bien de toute la famille, de la société, de l'humanité entière.

Audience générale, 11 février 2015

Aucun sacrifice ne coûte trop cher

Imaginez ce que serait une société qui déciderait, une fois pour toutes, d'établir ce principe : « Il est vrai que nous ne sommes pas parfaits et que nous commettons beaucoup d'erreurs. Mais quand il s'agit d'un enfant qui vient au monde, aucun sacrifice de la part des adultes ne sera jugé trop coûteux ni trop grand, tant que l'enfant n'a pas l'impression d'être une erreur, un vaurien, et d'être abandonné aux blessures de la vie et à l'arrogance des hommes. » Une société comme celle-ci serait si belle ! Je dis qu'à cette société, l'on pardonnerait beaucoup de ses innombrables erreurs. Beaucoup, vraiment.

Audience générale, 8 avril 2015

Un être humain est un miracle

La maternité et la paternité sont des dons de Dieu, mais accepter ce don, s'étonner devant sa beauté et le faire resplendir dans la société, c'est votre œuvre. Chacun de vos enfants est une créature unique qui ne se répétera jamais plus dans l'histoire de l'humanité. Quand on comprend cela, quand on comprend que chacun a été voulu par Dieu, on s'étonne de ce grand miracle qu'est un enfant ! Un enfant change la vie ! Nous avons tous vu – hommes et femmes – qu'à l'arrivée d'un enfant, la vie change : c'est autre chose. Un enfant est un miracle qui bouleverse une vie.

Vous, les enfants, vous êtes précisément cela : chacun de vous est le fruit unique de l'amour, vous venez de l'amour et grandissez dans l'amour. Vous êtes *uniques* mais vous n'êtes pas *seuls* ! Et le fait d'avoir des frères et sœurs vous fait du bien : les fils et les filles d'une famille nombreuse sont mieux disposés à la communion fraternelle dès la petite enfance. Dans un monde souvent marqué par l'égoïsme, la famille nombreuse est une école où l'on apprend la solidarité et le partage. Ces comportements profitent ensuite à la société tout entière.

Discours à l'Association
des familles nombreuses,
28 décembre 2014

Nous ne sommes jamais orphelins

Nous ne sommes pas orphelins, nous avons une mère ! La Vierge, l'Église mère, est notre Mère. Nous ne sommes pas orphelins, nous sommes les enfants de l'Église, nous sommes les enfants de la Vierge, et les enfants de nos mères.

Audience générale, 7 janvier 2015

Nous avons besoin des pères

Je voudrais dire à toutes les communautés chrétiennes que nous devons redoubler de vigilance : l'absence de figure paternelle dans la vie des petits et des jeunes engendre des lacunes et des blessures qui peuvent se révéler très graves. En effet, nous pouvons imputer une grande partie des déviances des enfants et des adolescents à cette absence, au manque d'exemples et d'autorité dans la vie quotidienne, au défaut de présence et d'amour de la part du père. Le sentiment d'être orphelin qu'éprouvent beaucoup de jeunes est plus profond que nous le pensons.

Ils sont orphelins en famille, parce que leur père est absent, parfois même physiquement, à la maison, mais surtout parce que, quand les pères sont présents, ils ne se comportent pas comme tel. Ils ne dialoguent pas avec leurs enfants, ils ne remplissent pas leur rôle dans leur éducation, ils ne transmettent pas aux enfants, à travers leur exemple et le dialogue, ces principes, ces valeurs, ces cadeaux de la vie dont nous avons autant besoin que de pain. La qualité éducative de la présence paternelle est d'autant plus nécessaire si le papa a des obligations professionnelles qui le retiennent loin du foyer. Il arrive qu'un père ne sache pas bien quelle place occuper au sein de la famille, ni comment éduquer ses enfants. Alors, dans le doute, il s'abstient, il se désiste et néglige ses responsabilités, peut-être en se réfugiant dans une improbable relation « d'égal à égal » avec ses enfants. Il est vrai que tu dois être un « copain » pour ton enfant, mais n'oublie pas que tu es le père ! Si tu te comportes seulement en camarade semblable à ton enfant, ça ne fera aucun bien au petit.

Audience générale, 21 janvier 2015

Modèle éducatif

Joseph a écouté la voix de l'Ange du Seigneur et a répondu à l'appel de Dieu l'invitant à prendre soin de Jésus et de Marie. De cette manière, il a joué son rôle dans le dessein de Dieu et il est devenu une bénédiction non seulement pour la sainte Famille mais pour l'humanité tout entière. Avec Marie, Joseph a servi de modèle à l'Enfant Jésus pendant qu'il grandissait en sagesse, en âge et en grâce. (Cf. Lc 2, 52)

Quand les familles mettent les enfants au monde, elles les éveillent à la foi ainsi qu'aux valeurs saines. Elles leur enseignent à offrir leur contribution à la société, faisant d'eux une bénédiction pour le monde !

L'amour de Dieu devient présent et actif à la manière dont nous nous aimons et à travers les bonnes œuvres que nous accomplissons. C'est ainsi que nous faisons croître le royaume du Christ en ce monde. En faisant cela, nous sommes fidèles à la mission prophétique que nous avons reçue dans le baptême.

Discours, 16 janvier 2015

La maturité du père

Alors que nous nous arrêtons sur l'importance du rôle du père, je voudrais partir d'une phrase extraite du livre des Proverbes, dans laquelle un père s'adresse à son fils. « Mon enfant, ton cœur est sage, mon cœur éclate, mes reins frétillent, quand tes lèvres parlent droit. » (Pr 23, 15-16) On ne saurait mieux exprimer l'orgueil et l'émotion d'un père qui constate qu'il a transmis à son fils ce qui compte le plus dans la vie, c'est-à-dire un cœur sage. Ce père ne dit pas : « Je suis fier de toi parce que tu es comme moi, tu reproduis ce que je dis et ce que je fais. » Non, ce n'est pas aussi simple. Il lui dit quelque chose de bien plus important, que nous pourrions interpréter ainsi : « Je serai heureux chaque fois que je te verrai agir avec sagesse, et je serai ému chaque fois que je t'entendrai parler avec droiture. C'est ce que j'ai souhaité te laisser afin que tu te l'appropries : l'aptitude à écouter et à agir, à parler et à juger avec sagesse et rectitude. Et pour que tu puisses devenir ainsi, je t'ai enseigné des choses que tu ignorais, j'ai corrigé des erreurs que tu ne voyais pas. Je t'ai fait sentir ma profonde affection, mais si discrète que tu ne l'as sans doute pas bien reconnue quand tu étais jeune et indécis. Je t'ai proposé un témoignage de rigueur et de fermeté que tu ne comprenais peut-être pas, à une époque où tu aurais préféré n'avoir que ma complicité et ma protection. J'ai dû moi-même, en premier, me mettre à l'épreuve de la sagesse du cœur et contrôler tout sentiment et ressentiment excessifs, afin de porter le poids des inévitables incompréhensions et de trouver les mots justes pour me faire comprendre. À présent, quand je vois que tu t'efforces d'être comme ça avec tes enfants, et avec tout le monde, je suis ému. Je suis heureux d'être ton père. » C'est comme cela que s'exprime un père sage, un père mûr.

Audience générale, 4 février 2015

Pères présents et pères dominateurs

Que le père soit *présent* dans la famille. Qu'il soit proche de sa femme, pour tout partager : les joies et les peines, la fatigue et les espérances. Et qu'il soit proche de ses enfants durant leur développement : lorsqu'ils jouent et lorsqu'ils s'appliquent, lorsqu'ils sont insouciants et lorsqu'ils sont angoissés, lorsqu'ils s'expriment et lorsqu'ils sont taciturnes, lorsqu'ils osent et lorsqu'ils ont peur, lorsqu'ils commettent un faux pas et lorsqu'ils retrouvent leur chemin. Père présent, toujours. Mais être présent ne veut pas dire tout contrôler ! Car un père qui veut avoir le contrôle anéantit son enfant, et l'empêche de grandir.

Audience générale, 4 février 2015

Deux plus deux

L'évangéliste Luc raconte que la Vierge Marie et saint Joseph, conformément à la loi de Moïse, emmenèrent l'enfant au Temple pour l'offrir au Seigneur, et deux vieillards, Siméon et Anne, mus par l'Esprit Saint, allèrent à leur rencontre et reconnurent le Messie en Jésus. (Cf. Lc 2, 22-38) Siméon le prit dans ses bras et rendit grâce à Dieu pour avoir enfin « vu » le salut. Anne, malgré son âge avancé, connut un regain d'énergie et se mit à parler de l'Enfant à tous. C'est une belle image : deux jeunes parents et deux personnes âgées, réunis par Jésus. Vraiment, Jésus fait se rencontrer et réunit les générations !

Lettre aux familles, 2 février 2014

Peuples entre passé et avenir

Lorsque nous isolons les jeunes, nous commettons une injustice. Nous les privons de leur appartenance. Les jeunes ont une appartenance : à une famille, à une patrie, à une culture, à une foi. Ils ont une appartenance, et nous ne devons pas les isoler ! Surtout, il ne faut pas les isoler de la société ! Ils sont l'avenir d'un peuple.

C'est vrai ! Et ce n'est pas tout : ils sont l'avenir parce qu'ils ont la force, ils sont jeunes, ils vont de l'avant. En outre, à l'autre extrême de la vie, les personnes âgées sont également l'avenir d'un peuple. Un peuple a un futur s'il avance avec ces deux richesses : avec les jeunes, qui ont la force de le faire avancer ; et avec les personnes âgées, parce que ce sont elles qui livrent la sagesse de la vie.

Bien des fois, je pense que nous nous comportons injustement envers les personnes âgées. Nous les laissons de côté comme si elles n'avaient plus rien à nous apporter. Elles ont la sagesse, la sagesse de la vie, la sagesse de l'histoire, la sagesse de la patrie, la sagesse de la famille. Et nous avons besoin de tout cela !

Rencontre avec des journalistes, 22 juillet 2013

La gaieté des enfants

Les enfants sont source de vie, de gaieté, d'espérance, mais aussi d'ennuis. La vie est ainsi faite. Ils apportent certainement quelques préoccupations et, parfois, de nombreux problèmes. Mais une société avec ces préoccupations et ces problèmes est préférable à une société triste et terne parce qu'elle n'a pas d'enfant ! Et quand nous voyons une société dont le taux de natalité atteint à peine un pour cent, nous pouvons affirmer qu'elle est triste et terne parce qu'elle manque d'enfants.

Audience générale, 18 mars 2015

Proverbe brésilien

Dans votre pays, on entend couramment des parents dire : « Les enfants sont la prunelle de nos yeux. » Comme elle est belle, cette expression de la sagesse brésilienne qui applique aux jeunes l'image de la prunelle des yeux, la fenêtre à travers laquelle la lumière nous inonde et nous offre le miracle de la vue ! Que deviendrions-nous si nous ne prenions pas soin de nos yeux ? Comment pourrions-nous avancer ?

Mon souhait est que, cette semaine, chacun de nous se laisse interpeller par cette interrogation provocatrice.

Discours, 22 juillet 2013

Sans mères ?

Une société sans mères serait une société inhumaine, car les mères savent toujours faire preuve de tendresse, de dévouement, de force morale – même dans les moments les plus douloureux. Souvent, les mères transmettent aussi le sens le plus profond de la pratique religieuse : dans les premières prières, dans les premiers gestes de dévotion qu'un enfant apprend, s'inscrit la valeur de la foi qui accompagne un être humain tout au long de sa vie.

C'est un message que les mères croyantes savent transmettre sans beaucoup d'explications : elles viendront plus tard. Mais le germe de la foi se trouve dans ces premiers moments particulièrement précieux. Sans les mères, non seulement il n'y aurait pas de nouveaux fidèles, mais la foi perdrait une bonne partie de sa chaleur simple et profonde.

Audience générale, 7 janvier 2015

Sans pères ?

Le mot « père » est connu de tous, il est universel. Il indique une relation fondamentale dont l'existence est aussi ancienne que l'histoire de l'homme. Toutefois, de nos jours, on en arrive à affirmer que notre société serait « une société sans pères ». En d'autres termes, particulièrement dans la culture occidentale, la figure paternelle serait symboliquement absente, disparue, supprimée. Dans un premier temps, cela a été perçu comme une libération : affranchissement du père autoritaire, du père en tant que représentant de la loi imposée de l'extérieur, du père censeur du bonheur de ses enfants, et obstacle à l'émancipation et à l'autonomie des jeunes.

Autrefois, dans certains foyers, l'autoritarisme régnait, et dans certains cas cela allait jusqu'à l'abus de pouvoir : des parents traitaient leurs enfants comme des serviteurs, en ne respectant pas les conditions indispensables à leur croissance. Des pères qui ne les aidaient pas à s'engager librement sur leur chemin – mais il n'est pas toujours facile de concilier éducation et liberté. Des pères qui ne les aidaient pas à assumer leurs responsabilités dans la construction de leur avenir et de celui de la société.

Cette attitude n'est certainement pas la bonne. Cependant, comme c'est souvent le cas, on est passé d'un extrême à l'autre. Le problème actuel n'est plus tant la présence envahissante des pères que leur absence, leur éloignement. Les pères sont parfois si concentrés sur eux-mêmes, sur leur travail et leur accomplissement personnel, qu'ils en oublient la famille. Alors ils laissent les enfants et les jeunes seuls. Déjà, en tant qu'évêque de Buenos Aires, je percevais ce sentiment d'être orphelin chez les enfants d'aujourd'hui. Et souvent, je demandais aux pères s'ils jouaient avec leurs enfants, s'ils avaient le courage et l'amour d'accorder du temps à leurs enfants. Dans la majorité des cas, la réponse était triste : « Mais je ne peux pas, j'ai trop de travail… » Le père était absent pour cet enfant qui grandissait. Il ne jouait jamais avec lui. Non, il ne perdait pas son temps avec lui.

Audience générale, 21 janvier 2015

La famille, cette « petite église »

La famille est l'hôpital le plus proche : quand il y a un malade, c'est là qu'il est soigné, autant que possible. La famille est la première école des enfants, et le repère essentiel des jeunes. C'est le meilleur refuge. La famille représente la plus grande richesse sociale, celle qu'aucune autre institution ne peut remplacer. Elle a besoin d'être aidée et renforcée pour ne jamais perdre le sens du service que la société prête à ses citoyens. En effet, ces services que la société accorde à ses citoyens ne sont pas une aumône, mais une vraie « dette sociale » à l'égard de l'institution familiale, qui est la base de tout et qui fait tant pour le bien commun.

La famille forme également une petite église, que nous appelons « l'Église domestique » : non seulement elle donne la vie, mais elle transmet la tendresse et la miséricorde divine. Dans la famille, la foi se mélange au lait maternel : l'expérience de l'amour des parents rapproche de l'amour de Dieu.

Et dans la famille – nous en sommes tous les témoins –, les miracles se réalisent avec ce qu'il y a, avec ce que nous sommes, avec ce qu'on a à disposition. Bien souvent, ce n'est pas idéal, ce n'est pas ce dont nous rêvons ni ce qui « devrait être ».

Homélie, 6 juillet 2015

Mémoire et espérance

Il est de mise d'écouter les jeunes et les personnes âgées qui incarnent tous deux l'espérance des peuples. Les anciens apportent la mémoire et la sagesse de l'expérience, tout ce qui invite à ne pas reproduire bêtement les erreurs du passé. Les jeunes nous incitent à réveiller et à nourrir l'espérance car ils portent en eux les nouvelles tendances de l'humanité et nous poussent vers l'avenir, de façon à ce que nous ne restions pas ancrés dans les structures et les habitudes d'autrefois qui ne sont plus porteuses de vie dans le monde actuel.

Evangelii gaudium, n° 108

Les grands-parents

Jésus les fait se rencontrer : les jeunes et les personnes âgées. Jésus est celui qui rapproche les générations. Il est la source de cet amour qui unit les familles et les personnes, vainqueur de la méfiance, de l'isolement et de l'éloignement. Cela nous fait également penser aux grands-parents : à l'importance de leur présence. La présence des grands-parents ! Leur rôle est précieux au sein de la famille et de la société ! La qualité des relations entre les plus jeunes et les plus âgés est décisive dans la bonne marche de la communauté civile et ecclésiale. En regardant ces deux vieillards, ces deux grands-parents – Siméon et Anne –, nous saluons et applaudissons, à travers eux, tous les grands-parents du monde.

Angélus, 28 décembre 2014

Quand les grands-parents éduquent

La présence des grands-parents est très importante : elle est précieuse en tant qu'aide pratique, mais surtout pour leur contribution à l'éducation des enfants. Les grands-parents sont les gardiens des valeurs d'un peuple, d'une famille, et ils aident les parents à les transmettre à leurs enfants.

Au cours du siècle dernier, dans de nombreux pays européens, ce sont les grands-parents qui transmettaient la foi : ils faisaient baptiser l'enfant en cachette et lui transmettaient la foi.

Discours à l'Association
des familles nombreuses,
28 décembre 2014

Le Père est aussi un grand-père

Chers amis, chers parents, chers enfants, petits et grands, chers grands-parents, bonne fête à vous tous ! Que chacune de vos familles soit toujours riche de la tendresse et du réconfort de Dieu. Je vous bénis affectueusement. Et vous, s'il vous plaît, continuez de prier pour moi, qui suis un peu votre grand-père à tous. Priez pour moi ! Merci.

Discours, 28 décembre 2014

Forêts

La grande famille humaine est comme une forêt, où les bons arbres apportent solidarité, communion, confiance, soutien, sécurité, sobriété heureuse et amitié.

Discours, 28 décembre 2014

Honore ton père et ta mère

Une société d'enfants qui n'honorent pas leurs parents est une société qui a perdu le sens de l'honneur. Les enfants qui n'honorent pas leurs parents perdent leur honneur ! C'est une société destinée à se remplir de jeunes arides et avides. De plus, une société avare de générations, qui n'aime pas s'entourer d'enfants, qui ne voit en eux qu'un désagrément, un poids, un risque, est déprimée. Pensons à tous les exemples que nous avons ici, en Europe : ces sociétés sont déprimées parce qu'elles ne veulent pas d'enfants, elles n'ont pas d'enfants, le taux de natalité est inférieur à un pour cent. Pourquoi ? Que chacun de nous y réfléchisse et trouve une réponse. Si une famille riche d'enfants est perçue comme un poids, c'est le signe que quelque chose va mal !

Audience générale, 11 février 2015

Hérode,
les réfugiés et les larmes

« Il suffit d'être un homme bon
pour qu'il y ait de l'espérance ! »

Laudato si' (lettre encyclique), n° 71

Hérode et le pouvoir

« J'ai le pouvoir, je suis tranquille. J'ordonne ceci, je commande cela, je suis respecté : je suis en paix. » Le roi Hérode était dans cet état d'esprit jusqu'à l'arrivée des Mages. Ils lui ont annoncé la naissance du roi d'Israël, et à cet instant précis sa paix s'est envolée d'un coup. Cela confirme que la paix issue du pouvoir ne fonctionne pas : un coup d'État suffit à la faire disparaître.

Homélie, Sainte-Marthe, 20 mai 2014

La tromperie du roi

À Jérusalem, les Mages rencontrent *une tentation*, mise là par le diable : c'est la tromperie d'Hérode. Le roi Hérode se montre intéressé par l'Enfant, non pas pour l'adorer mais pour l'éliminer. Hérode est un homme de pouvoir qui ne voit jamais en l'autre qu'un rival. Et au fond, il considère également Dieu comme un rival, voire comme son rival le plus dangereux.

Homélie, 6 janvier 2015

Le Noël des pauvres

Les énormes inégalités qui existent entre nous devraient nous choquer, d'autant que nous continuons de tolérer que certains se considèrent comme plus dignes que d'autres. Nous ne voyons même plus que certains croupissent dans une misère dégradante, sans réelle possibilité d'amélioration, tandis que d'autres ne savent pas quoi faire de tout ce qu'ils possèdent. Ceux-ci se vantent d'être soi-disant supérieurs et sèment sur leur passage un gaspillage tel qu'il serait impossible de le généraliser sans anéantir la planète. Dans les faits, nous continuons d'admettre que les uns se sentent plus humains que les autres, comme s'ils étaient nés avec plus de droits.

Laudato si' (lettre encyclique), n° 90

Ce que nous sommes devant l'Enfant Jésus

Qui sommes-nous devant l'Enfant Jésus ? Qui sommes-nous devant les enfants d'aujourd'hui ? Sommes-nous comme Marie et Joseph, qui accueillent Jésus et prennent soin de lui avec un amour maternel et paternel ? Ou sommes-nous comme Hérode, qui souhaite l'évincer ? Sommes-nous comme les bergers, qui s'empressent de s'agenouiller devant lui pour l'adorer et lui offrir leurs modestes présents ? Ou bien sommes-nous indifférents ? Peut-être sommes-nous des piétistes ayant recours à la rhétorique pour exploiter les images des enfants pauvres dans un but lucratif ? Sommes-nous capables d'être proches d'eux, de « perdre du temps » avec eux ? Savons-nous les écouter, les protéger, prier pour eux et avec eux ? Ou les négligeons-nous au profit de nos intérêts personnels ?

Homélie, Bethléem, 25 mai 2014

Les épreuves

Quand les parents et les enfants respirent ensemble dans un même climat de foi, ils ont une énergie qui leur permet d'affronter les épreuves les plus difficiles, comme le montre l'expérience de la sainte Famille, en particulier lors de l'événement dramatique de la fuite en Égypte, une dure épreuve.

L'Enfant Jésus, sa mère Marie et saint Joseph forment une icône familiale simple mais lumineuse. Il rayonne d'elle une lumière de miséricorde et de salut pour le monde entier, une lumière de vérité pour chaque homme, pour la grande famille humaine et pour chaque famille. Cette lumière qui émane de la sainte Famille nous encourage à offrir de la chaleur humaine à ces familles où, pour différents motifs, il manque la paix, il manque l'harmonie, il manque le pardon. Que notre solidarité ne s'applique pas moins aux familles qui traversent des situations difficiles pour cause de maladie, de chômage, de discrimination, d'émigration forcée... Et ici, arrêtons-nous un instant pour prier en silence pour toutes ces familles en difficulté, que ce soit dû à la maladie, au chômage, à la discrimination, à la nécessité d'émigrer, ou parce qu'elles ont du mal à se comprendre et sont divisées. En silence, prions pour toutes ces familles.

Angélus, 28 décembre 2014

Protéger la famille

Le Christ Enfant. Quand il est arrivé en ce monde, sa vie s'est trouvée menacée par un roi corrompu. Jésus lui-même a eu besoin d'être protégé. Il a eu un protecteur sur terre : saint Joseph. Il a eu une famille ici, sur terre : la sainte Famille de Nazareth. De cette façon, il nous rappelle l'importance de protéger nos familles et cette plus grande famille qu'est l'Église, la famille de Dieu, et le monde, notre famille humaine. Malheureusement, de nos jours, la famille a grand besoin d'être protégée contre les attaques insidieuses et les ambitions qui sont à l'opposé de ce que nous tenons pour vrai et sacré, de tout ce qu'il y a de plus noble et de plus beau dans notre culture.

Dans l'Évangile, Jésus reçoit les enfants, il les étreint et les bénit. Nous avons, nous aussi, le devoir de protéger, de guider et d'encourager la jeunesse, en l'aidant à bâtir une société digne de son grand héritage spirituel et culturel. Plus précisément, nous devons considérer chaque enfant comme un don devant être accepté, aimé et protégé.

C'est un enfant fragile qui a apporté la bonté de Dieu, la miséricorde et la justice dans le monde. Il a résisté à la malhonnêteté et à la corruption, qui sont l'héritage du péché, et a triomphé par le pouvoir de la Croix.

Homélie, 18 janvier 2015

Le berceau et la Croix

Dans le martyre d'Étienne, se rejoue l'éternelle lutte du bien contre le mal, de la haine contre le pardon, de la douceur contre la violence, celle qui a culminé dans la Croix du Christ. Le souvenir du premier martyre parvient ainsi, immédiatement, à dissoudre une fausse image de Noël : une image mièvre de conte de fées qui n'existe pas dans l'Évangile ! La liturgie nous renvoie à la signification authentique de l'Incarnation, en reliant Bethléem au Calvaire et en nous rappelant que le salut divin implique de lutter contre le péché et passe à travers la porte étroite de la Croix. C'est la route que Jésus a clairement indiquée à ses disciples, comme l'atteste l'Évangile d'aujourd'hui : « À cause de moi, vous serez haïs de tous. Mais sera libéré celui qui aura résisté jusqu'à la toute fin. » (Mt 10, 22)

Angélus, 26 décembre 2013

Le petit âne

Le logo de la Commission pour la protection de l'enfance et de l'adolescence de Buenos Aires me revient à l'esprit. Il représente la sainte Famille qui fuit en Égypte à dos d'âne pour le bien de l'Enfant.

Parfois, pour défendre, il est nécessaire de fuir. Parfois, il est nécessaire de s'arrêter pour protéger. Parfois, il est nécessaire de combattre. Mais en toutes circonstances, il faut faire preuve de tendresse.

Discours, 11 avril 2014

La folie d'un roi

L'Évangile nous dit que les Mages perdent brièvement l'étoile de vue, à leur arrivée à Jérusalem. Ils ne la voient plus. Sa lumière est particulièrement absente dans le palais du roi Hérode : cette demeure est ténébreuse, dominée par l'obscurité, la méfiance, la peur et la convoitise. En effet, Hérode se montre suspicieux et préoccupé par la naissance d'un enfant vulnérable qu'il perçoit comme un rival. En réalité, Jésus n'est pas venu pour le combattre, lui, misérable fantoche, mais il est là en prince de ce monde ! Cependant, le roi et ses conseillers sentent craquer la charpente de leur pouvoir. Ils redoutent que les règles du jeu tournent en leur défaveur et que les masques tombent. Tout un monde édifié sur la domination, sur la réussite et les biens matériels, sur la corruption, déstabilisé par un enfant ! Alors Hérode en arrive à assassiner les enfants. « Tu tues les enfants dans la chair parce que la peur te tue dans le cœur », écrit saint Quodvultdeus. C'est ainsi : Hérode avait peur, et cette peur l'a rendu fou.

Homélie, 6 janvier 2014

Chaque époque a son Hérode

La vocation de gardien ne nous concerne pas seulement, nous, les chrétiens. Sa dimension nous précède, car elle est simplement humaine et concerne tout le monde. Elle implique de préserver la création tout entière, la beauté de la création, comme nous le dit le livre de la Genèse, et comme nous l'a montré saint François d'Assise : cela passe par le respect envers toutes les créatures de Dieu et l'environnement dans lequel nous vivons. C'est aussi veiller sur les gens, prendre soin les uns des autres, de chaque personne, avec amour, spécialement des enfants et des personnes âgées, des plus vulnérables qui sont souvent exclus de notre cœur. C'est s'accorder une attention réciproque au sein de la famille : les conjoints veillent l'un sur l'autre et, en tant que parents, ils prennent soin de leurs enfants. Le temps passant, les enfants veillent à leur tour sur leurs parents. C'est vivre avec sincérité les amitiés, qui sont une garde réciproque réalisée dans la confiance, le respect et la bienveillance. Au fond, tout est confié à l'homme, et cette responsabilité nous concerne tous. Soyez des gardiens des dons de Dieu !

Et quand l'homme manque à ses responsabilités, quand nous négligeons la création et nos frères, nous ouvrons la porte à la destruction et notre cœur s'endurcit. Malheureusement, à chaque époque de l'histoire, il y a des « Hérode » qui trament des projets mortels, détruisent et défigurent le visage de l'homme et de la femme.

Homélie, 19 mars 2013

Les cris des enfants

Tout enfant marginalisé, abandonné, qui vit dans la rue en mendiant et en usant de toutes sortes d'expédients, privé d'école et de soins médicaux, est un cri qui remonte jusqu'à Dieu et qui accuse le système que nous, adultes, avons construit. Et malheureusement, ces enfants sont la proie de délinquants qui les exploitent au profit de trafics et de commerces indignes, ou en les formant à la guerre et à la violence. Mais aussi dans les pays soi-disant riches, trop d'enfants vivent des drames qui les marquent lourdement, à cause de la crise de la famille, du manque d'instruction et de conditions de vie parfois inhumaines. Dans tous les cas, ce sont des enfants violés dans leur corps et dans leur âme. Mais aucun de ces enfants n'est oublié par le Père qui est aux Cieux ! Aucune de leurs larmes n'est perdue ! De même, nous ne devons pas négliger notre responsabilité, la responsabilité sociale de l'individu, de chacun de nous, et de chaque pays.

Audience générale, 8 avril 2015

Les larmes de l'Enfant Jésus

Mes pensées vont aujourd'hui à tous les enfants tués et maltraités, à ceux qui le sont avant de voir la lumière, privés de l'amour généreux de leurs parents et enterrés sous l'égoïsme d'une culture qui n'aime pas la vie ; à ces enfants qui sont déplacés à cause des guerres et des persécutions, abusés et exploités sous nos yeux et dans notre silence complice ; à ces enfants massacrés sous les bombardements, là même où l'Enfant de Dieu est né. De nos jours encore, leur silence impuissant est un appel qui jaillit sous l'épée de tous ces Hérode. Au-dessus de leur sang, plane aujourd'hui l'ombre des Hérode actuels. En ce Noël, beaucoup de larmes se joignent à celles de l'Enfant Jésus !

Message *Urbi et Orbi*, Noël 2014

La grâce de pleurer sur notre indifférence

« Rachel pleure ses enfants… parce qu'ils ne sont plus. » Hérode a semé la mort pour préserver son opulence, son confort éphémère. Et cela ne cesse de se répéter. Demandons au Seigneur d'effacer ce qui reste d'Hérode dans nos cœurs. Demandons au Seigneur la grâce de pleurer sur notre indifférence, de pleurer sur la cruauté du monde, qui est aussi en nous et en ceux qui, dans l'anonymat, prennent des décisions socio-économiques qui ouvrent la voie à des drames comme celui-ci. « Qui a pleuré ? » Qui a pleuré aujourd'hui dans le monde ?

Homélie, 8 juillet 2013

Rachel d'aujourd'hui

« Voici le signe qui nous est donné : vous trouverez un enfant… » Peut-être cet enfant pleure-t-il. Il pleure parce qu'il a faim, ou froid, ou parce qu'il veut qu'on le prenne dans les bras. Aujourd'hui encore, les enfants pleurent, même beaucoup, et leurs pleurs nous interpellent. Dans un monde qui met quotidiennement au rebut des tonnes de nourriture et de médicaments, il y a des enfants qui pleurent, en vain, parce qu'ils ont faim ou souffrent de maladies pourtant faciles à soigner. À une époque qui se vante de protéger les mineurs, on commercialise des armes qui finissent dans les mains d'enfants soldats. On vend des produits confectionnés par des petits travailleurs esclaves. Leurs pleurs sont étouffés : les larmes de ces enfants sont étouffées ! Ils doivent combattre, travailler, ils ne peuvent pas pleurer ! Mais les mères, les Rachel d'aujourd'hui, pleurent pour eux : elles pleurent leurs enfants, et refusent d'être consolées. (Cf. Mt 2, 18)

Homélie, Bethléem, 25 mai 2014

Rusés comme les Mages

Un autre aspect de la lumière qui nous guide sur le chemin de la foi est la sainte « ruse ». C'est aussi une vertu, cette sainte « ruse ». Je veux parler de cette vivacité d'esprit qui nous permet de reconnaître les dangers et de les éviter.

Les Mages surent utiliser la lumière de cette « ruse » quand, sur le chemin du retour, ils décidèrent de ne pas passer par le palais ténébreux d'Hérode, mais d'emprunter une autre route. Ces sages venus d'Orient nous enseignent comment ne pas tomber dans les pièges des ténèbres et comment repousser l'obscurité qui essaie d'envelopper notre vie. Eux, avec cette sainte « ruse », ont gardé la foi.

Nous aussi, nous devons garder la foi. La préserver de l'obscurité. Mais aussi, souvent, d'une obscurité travestie en lumière ! Parce que le démon, dit saint Paul, s'habille parfois en ange de lumière. Alors la sainte « ruse » est nécessaire pour garder la foi et protéger celle-ci du chant des sirènes qui te disent : « Écoute, aujourd'hui nous devons faire ceci, ou cela... » Mais la foi est une grâce, c'est un don. Et il nous revient de la protéger par cette sainte « ruse », par la prière, par l'amour, par la charité. Il importe d'accueillir dans notre cœur la lumière de Dieu et, en même temps, de cultiver cette ruse spirituelle qui sait conjuguer simplicité et astuce, comme Jésus le demande à ses disciples : « Soyez donc aussi avisés que le serpent. Aussi candides que la colombe. » (Mt 10, 16)

Homélie, 6 janvier 2014

Réfugiés et exilés

Chaque crèche nous montre Jésus en compagnie de la Vierge et de saint Joseph, dans la grotte de Bethléem. Dieu a voulu naître dans une famille humaine, avoir une mère et un père, comme nous. Et aujourd'hui, l'Évangile nous présente la sainte Famille sur la route douloureuse de l'exil, à la recherche d'un refuge en

Égypte. Joseph, Marie et Jésus expérimentent la condition dramatique des réfugiés, marquée par la peur, l'incertitude, l'inconfort. (Cf. Mt 2, 13-15.19-23) Malheureusement, de nos jours, des millions de familles peuvent se reconnaître dans cette triste réalité. Presque tous les jours, la télévision et les journaux font état de réfugiés fuyant la faim, la guerre et d'autres graves dangers, à la recherche de sécurité et d'une vie digne pour eux-mêmes et leur famille.

En terre lointaine, même lorsqu'ils trouvent du travail, les réfugiés et les immigrés ne sont pas toujours bien accueillis ni respectés, dans la juste appréciation des valeurs qu'ils portent en eux. Leurs attentes légitimes sont confrontées à des situations complexes et à des obstacles qui semblent parfois insurmontables. Ainsi, pendant que nous contemplons la sainte Famille de Nazareth, au moment où elle fut contrainte de s'exiler, pensons au drame de ces migrants et de ces réfugiés qui souffrent d'être rejetés et exploités, qui sont victimes de la traite des personnes et de l'esclavage. Mais pensons aussi aux autres « exilés » : je les appellerai les « exilés secrets », ceux qui le sont à l'intérieur de la famille même – les personnes âgées, par exemple, qui sont quelquefois traitées comme une présence encombrante. Souvent, je pense que pour savoir comment se porte une famille, il suffit de regarder de quelle manière les enfants et les aînés sont traités.

Angélus, 29 décembre 2013

Je n'ai pas d'autres mots…

Nous sommes comme cet enfant : dans les moments de douleur, de chagrin, lorsque nous ne comprenons pas et que nous voulons nous rebeller, spontanément nous tendons la main pour agripper son jupon et dire : « Maman ! » Comme un enfant apeuré appelle « Maman ! » C'est peut-être le seul mot qui puisse exprimer ce que nous ressentons dans les moments sombres : « Mère ! Maman ! »

Observons ensemble un moment de silence. Tournons-nous vers le Seigneur. Il peut nous comprendre parce qu'il est passé par toutes ces choses. Regardons notre Mère et, comme l'Enfant, agrippons son jupon et disons-lui avec le cœur : « Mère ! » En silence, faisons cette prière, et que chacun lui dise ce qu'il ressent.

Nous ne sommes pas seuls, nous avons une mère. Nous avons Jésus, notre grand frère. Nous ne sommes pas seuls. Et nous avons aussi de nombreux frères qui, même dans les moments les plus difficiles, sont venus nous aider. Alors nous aussi, nous nous sentons plus frères, parce que nous nous aidons les uns les autres.

C'est tout ce que je voulais vous dire. Pardonnez-moi si je n'ai pas d'autres mots. Mais sachez que Jésus ne déçoit pas. Soyez assurés que l'amour et la tendresse de notre Mère ne déçoivent pas. Attachés à eux comme des enfants, avec la force que nous donne Jésus, notre grand frère, avançons. Comme des frères, marchons. Merci !

Homélie, 17 janvier 2015,
après le passage du typhon Yolanda

Cierges

Je pense à la foi affirmée de ces mères au chevet de leurs enfants malades qui s'appliquent au rosaire bien qu'elles ne sachent pas réciter les phrases du *Credo*. Ou à toute l'espérance placée dans un cierge que l'on allume dans un humble foyer pour implorer l'aide de Marie. Ou à ces regards d'amour profond adressés au Christ crucifié. Celui qui aime le saint peuple fidèle de Dieu ne peut pas voir en ces actions une simple recherche naturelle de la divinité. Ce sont les manifestations d'une vie théologale animée par l'action de l'Esprit Saint qui a été répandu dans nos cœurs.

Evangelii gaudium, n° 125

Là où rêvent les hommes

Jésus a voulu appartenir à une famille qui a fait l'expérience de la difficulté, afin que personne ne se sente exclu de la proximité et de l'amour de Dieu. La fuite en Égypte, suite aux menaces d'Hérode, nous montre que Dieu est là où l'homme est en danger, là où il souffre, là où il s'enfuit, là où il connaît le rejet et l'abandon. Mais Dieu est également là où l'homme rêve, espère retourner dans sa patrie libre, fait des projets et des choix pour préserver sa vie et sa dignité, la sienne comme celle de sa famille.

Angélus, 29 décembre 2013

Honte

Malheureusement, dans ce monde qui a développé les technologies les plus sophistiquées, tellement d'enfants vivent encore dans des situations inhumaines, en marge de la société, en périphérie des grandes villes ou dans les zones rurales. De nombreux enfants sont encore de nos jours exploités, maltraités, réduits en esclavage, objets de violence et de trafics illicites. Trop d'enfants sont aujourd'hui déracinés, réfugiés et parfois noyés dans les mers, en particulier dans les eaux de la Méditerranée. De tout cela, nous avons honte aujourd'hui devant Dieu, Dieu qui s'est fait enfant.

Homélie, Bethléem, 25 mai 2014

Maranatha !
Viens, Seigneur Jésus !

« Perdez tout dans la vie,
mais ne perdez pas la relation
à Jésus-Christ.
C'est votre victoire. »

Homélie, Sainte-Marthe, 11 janvier 2014

Le Seigneur est proche

Le témoignage des premières communautés chrétiennes résonne de manière plus significative que jamais. En effet, celles-ci avaient l'habitude d'accompagner les célébrations et les prières de l'acclamation *Maranatha*, une expression composée de deux mots araméens qui, selon la façon dont ils sont prononcés, peuvent être compris comme une supplication : « Viens, Seigneur ! », ou bien comme une certitude nourrie par la foi : « Oui, le Seigneur vient, le Seigneur est proche. » C'est l'exclamation dans laquelle culmine toute la révélation chrétienne, au terme de la merveilleuse contemplation qui nous est offerte dans l'Apocalypse de Jean. (Cf. Ap 22, 20) Dans ce cas, c'est l'Église-épouse qui, au nom de l'humanité et depuis ses prémices, s'adresse au Christ, son époux, impatiente d'être enveloppée par son étreinte : l'étreinte de Jésus, qui est plénitude de vie et plénitude d'amour. C'est ainsi que Jésus nous étreint.

Si nous pensons au jugement dernier dans cette optique, la peur et l'hésitation disparaissent au profit de l'attente et d'une joie profonde : ce sera précisément le moment où nous serons enfin jugés pour être parés de la gloire du Christ, comme d'un vêtement nuptial, et conduits au banquet, image de la communion pleine et définitive avec Dieu.

Audience générale, 11 décembre 2013

Dieu te regarde

Le Seigneur ne nous regarde pas tous en même temps. Non, pas du tout ! Il nous regarde un à un, en face, dans les yeux, car son amour n'est pas un sentiment abstrait mais un amour concret. D'individu à individu. Le Seigneur, en personne, me regarde en tant que personne.

Homélie, Sainte-Marthe, 2 décembre 2013

L'âme silencieuse

Chacun de nous sait que le Seigneur œuvre mystérieusement dans son cœur, dans son âme. C'est la nuée, la puissance, à la manière de l'Esprit Saint qui couvre notre mystère.

Cette nuée en nous, dans notre vie, s'appelle le silence. Le silence est bien la nuée qui cache le mystère de notre relation avec le Seigneur, de notre caractère sacré et de nos péchés.

Homélie, Sainte-Marthe, 20 décembre 2013

Nous sommes tous nécessaires au cœur de Dieu

Quelle merveilleuse certitude de savoir que la vie de chaque personne ne se perd pas dans un chaos désespérant, dans un monde gouverné par le pur hasard ou par des cycles dénués de sens qui se répètent ! Le Créateur peut dire à chacun de nous : « Avant que je te forme dans le ventre, déjà je te connais. » (Jr 1, 5) Nous avons été conçus dans le cœur de Dieu, et par conséquent « chacun de nous est le fruit d'une pensée de Dieu. Chacun de nous est voulu, chacun est aimé, chacun est nécessaire ».

Laudato si' (lettre encyclique), n° 65

Ne t'endors pas !

La parabole des dix vierges (Cf. Mt 25, 1-13) parle de dix jeunes filles qui attendent l'arrivée de l'Époux, mais celui-ci tarde et elles s'endorment. À l'annonce soudaine de l'arrivée de l'Époux, elles se préparent toutes à l'accueillir, mais alors que cinq d'entre elles ont eu la sagesse de prévoir de l'huile pour alimenter leurs lampes, les autres, plus sottes, n'en ont pas et leurs lampes restent éteintes. Tandis qu'elles vont chercher de l'huile, l'Époux arrive et les vierges sottes trouvent la porte qui conduit à la fête nuptiale fermée. Elles frappent avec insistance, mais il est trop tard. L'Époux répond : « Je ne vous connais pas. » L'Époux est le Seigneur, et l'attente de son arrivée est le temps qu'il nous accorde, à nous tous, avec miséricorde et patience, jusqu'à sa venue finale. C'est un temps de vigilance, pendant lequel nous devons entretenir les lampes de la foi, de l'espérance et de la charité, pendant lequel nous devons garder le cœur ouvert au bien, à la beauté et à la vérité. Un temps où nous devons vivre selon la volonté de Dieu parce que nous ne connaissons ni le jour ni l'heure du retour du Christ. Il nous est demandé d'être prêts à la rencontre – préparés à faire une rencontre, une belle rencontre, la rencontre avec Jésus. Cela implique de savoir reconnaître les signes de sa présence, de garder notre foi vivante, par la prière, les sacrements, en restant vigilants afin de ne pas nous endormir, de ne pas oublier Dieu. La vie des chrétiens endormis est triste ; ce n'est pas une vie heureuse. Le chrétien doit être heureux, porter la joie de Jésus. Ne nous endormons pas !

Audience générale, 24 avril 2013

Gardez la lampe allumée !

L'espérance chrétienne n'est pas simplement un désir, un vœu, un élan d'optimisme : pour un chrétien, l'espérance est attente, l'attente fervente et passionnée de l'accomplissement ultime et définitif d'un mystère, le mystère de l'amour de Dieu, dans lequel nous renaissons et vivons déjà. C'est l'attente de quelqu'un qui va bientôt arriver : le Christ Seigneur qui se rapproche toujours plus de nous, jour après jour, et vient enfin nous introduire dans la plénitude de sa communion et de sa paix. L'Église a alors le devoir de maintenir allumée et bien visible la lampe de l'espérance, afin que celle-ci continue de resplendir comme un signe sûr de salut et éclaire pour toute l'humanité le chemin qui mène à la rencontre du visage miséricordieux de Dieu.

Audience générale, 15 octobre 2014

N'épuisez pas l'huile de la joie !

Chers frères et sœurs, voilà ce que nous attendons : que Jésus revienne ! L'Église-épouse attend son époux ! Nous devons cependant nous demander, avec beaucoup de sincérité : sommes-nous véritablement des témoins lumineux et fiables de cette attente, de cette espérance ? Nos communautés vivent-elles encore sous le signe de la présence du Seigneur Jésus et dans l'attente chaleureuse de sa venue, ou bien apparaissent-elles lasses, engourdies sous le poids de la fatigue et de la résignation ? Courons-nous, nous aussi, le risque d'épuiser l'huile de la foi et l'huile de la joie ? Soyons prudents !

Audience générale, 15 octobre 2014

Le son du silence

J'ai toujours été frappé par la rencontre du Seigneur avec Élie, quand le Seigneur parle avec Élie.

Le Seigneur n'est pas sous la grêle, sous la pluie, dans la tempête, dans le vent… Le Seigneur est dans la brise légère. Dans la version originale, on a recours à une très belle expression impossible à traduire avec précision : il est dans un fil sonore de silence. Un fil sonore de silence : c'est ainsi que l'on approche le Seigneur, avec cette sonorité du silence propre à l'amour.

Homélie, Sainte-Marthe, 12 décembre 2013

Peut-on acheter la paix ?

Comme le monde a besoin de nous comme messagers de la paix, comme témoins de la paix ! Le monde ressent cette nécessité. Aussi le monde nous demande-t-il de faire ceci : porter la paix, témoigner de la paix !

La paix ne s'achète pas, elle ne se vend pas. La paix est un don à rechercher avec patience et à construire « artisanalement », au moyen de petits et de grands gestes qui impliquent notre vie quotidienne. Le chemin de la paix se consolide si nous reconnaissons que nous avons tous le même sang et que nous appartenons au genre humain. Si nous n'oublions pas que nous avons un unique Père au ciel et que nous sommes tous ses enfants, faits à son image.

Homélie, 24 mai 2014

Un supplément d'amour

Ne vous semble-t-il pas qu'à notre époque un supplément de partage fraternel et d'amour s'impose ? Ne vous semble-t-il pas que nous avons tous besoin d'un surcroît de charité ? Pas d'une charité qui se contente d'une aide improvisée, dépourvue de toute implication, qui ne met rien en jeu, mais d'une charité de partage, qui se saisit du malaise et de la souffrance d'un frère. Quelle saveur prend la vie quand on se laisse inonder par l'amour de Dieu !

Homélie, 12 janvier 2014

Le Verbe entre dans la chair

L'apôtre Jean est clair : « Celui qui déclare que le Verbe ne s'est pas incarné n'est pas à Dieu ! Il est au diable. » Il n'est pas des nôtres, c'est un ennemi ! Il y a eu la première hérésie – nous pouvons prononcer ce mot entre nous –, et c'est celle que l'apôtre condamne : le Verbe ne serait pas venu dans la chair. Non ! L'incarnation du Verbe est essentielle : c'est Jésus-Christ ! Dieu et homme, Fils de Dieu et Fils de l'homme, vrai Dieu et vrai homme. Les premiers chrétiens l'ont compris et ils ont dû se battre beaucoup, beaucoup, beaucoup pour préserver cette vérité : le Seigneur est Dieu et homme ; le Seigneur Jésus est Dieu fait chair. C'est le mystère de la chair du Christ : on ne comprend pas l'amour pour son prochain, ni l'amour pour son frère tant que l'on ne saisit pas le mystère de l'Incarnation. J'aime mon frère parce que lui aussi est le Christ, il est comme le Christ, il est la chair du Christ. J'aime le pauvre, la veuve, l'esclave et le prisonnier… Pensons au « protocole » selon lequel nous serons jugés, qui nous est présenté dans l'Évangile de Matthieu, chapitre 25. Je les aime tous, car ces individus qui souffrent sont la chair du Christ, et à nous qui sommes sur la route de l'unité, cela fera du bien de toucher la chair du Christ. Se rendre dans les banlieues, précisément là où les besoins sont innombrables, où – disons-le autrement – il y a tant et tant de nécessiteux. Ils ont aussi besoin de Dieu, ils ont faim – mais pas de pain, ils ont tellement de pain – de Dieu ! Aller là-bas pour dire cette vérité : Jésus-Christ est le Seigneur et il te sauve. Mais toujours aller toucher la chair du Christ ! On ne peut pas prêcher un Évangile strictement intellectuel : l'Évangile est vérité, mais c'est également l'amour et la beauté ! C'est la joie de l'Évangile ! C'est précisément cela, la joie de l'Évangile.

Discours, 28 juillet 2014

Le chemin de la célébration

La spiritualité chrétienne intègre la valeur du congé et de la fête. L'être humain tend à réduire le repos contemplatif au domaine de l'improductif et de l'inutile, en oubliant qu'il retire ainsi à l'œuvre qu'il accomplit le plus important : son sens. Nous sommes appelés à inclure dans notre œuvre une dimension réceptive et gratuite, qui est différente d'une simple inactivité. Il s'agit d'une autre manière d'agir qui fait partie de notre essence. De cette façon, l'action humaine est préservée non seulement de l'activisme creux mais aussi de la voracité effrénée et de l'isolement de la conscience qui poussent à courir après un bénéfice exclusivement personnel. La loi du repos hebdomadaire imposait de chômer le septième jour « pour reposer ton bœuf et ton âne, et qu'ils reprennent force, le fils de ton asservie et l'étranger ». (Ex 23, 12) Le repos est un élargissement du regard qui permet de reconnaître à nouveau les droits des autres. Ainsi, le jour du repos, dont l'eucharistie est au cœur, répand sa lumière sur la semaine entière et nous encourage à prendre soin de la nature et des pauvres.

Laudato si' (lettre encyclique), n° 237

Chrétien, qu'est-ce que cela signifie ?

Le mot « chrétien » vient de « Christ », et « Christ » signifie « oint ». Et nous sommes « oints » : l'esprit du Seigneur est sur moi, car le Seigneur m'a consacré par l'onction. Nous sommes oints : chrétiens signifie « oints ». Et pourquoi sommes-nous oints ? Dans quel but ? « Il m'a envoyé apporter la Bonne Nouvelle. » À qui ? « Aux pauvres ». « Panser les cœurs meurtris, annoncer aux captifs la libération et aux prisonniers la délivrance, proclamer l'année de grâce du Seigneur. »

(Cf. Is 61, 1-2) Telle est la vocation du Christ, mais aussi celle des chrétiens.

Aller vers les autres, vers ceux qui sont dans le besoin, autant matériel que spirituel. Tant de gens sont préoccupés par des problèmes familiaux. Leur apporter la paix, leur apporter l'onction de Jésus, l'huile de Jésus qui fait tant de bien et réconforte les âmes.

Homélie, 14 décembre 2014

Larcins

Ne nous laissons pas voler l'espérance !

Ne nous laissons pas voler la communauté !

Ne nous laissons pas voler l'Évangile !

Ne nous laissons pas voler l'idéal de l'amour fraternel !

Ne nous laissons pas voler la force missionnaire !

Evangelii gaudium, passim

Toujours aller de l'avant !

Aussi grands soient nos limites et nos égarements, il ne nous est pas permis d'être faibles et vacillants face aux difficultés et à nos défaillances personnelles. Au contraire, nous sommes invités à fortifier nos mains, à raffermir nos genoux, à manifester du courage plutôt que de la peur, car notre Dieu nous montre constamment la grandeur de sa miséricorde. Il nous donne la force d'aller de l'avant. Il est partout avec nous et nous aide à avancer. C'est un Dieu qui nous aime beaucoup. Il nous aime et c'est pour cela qu'il est avec nous, pour nous aider, nous rendre plus fort et nous faire avancer. Courage ! Continuons d'avancer ! Grâce à son aide, nous pouvons inlassablement recommencer depuis le début. Comment ? Recommencer depuis le début ? Quelqu'un pourrait me dire : « Non, mon père, j'en ai déjà trop fait… Je suis un grand pécheur, une grande pécheresse… Je ne peux pas repartir de zéro. » Erreur ! Tu peux recommencer depuis le début ! Pourquoi ? Parce qu'il t'attend, il est proche de toi, il t'aime, il est miséricordieux, il te pardonne, il te donne la force de recommencer depuis le début ! À tout le monde ! Alors soyons capables de rouvrir les yeux, de dépasser la tristesse et les larmes, et d'entonner un nouveau chant. Cette véritable joie réside également dans l'épreuve et dans la souffrance, car ce n'est pas une joie superficielle. Elle descend au plus profond de la personne qui s'en remet à Dieu en toute confiance.

Angélus, 15 décembre 2013

Veiller et surveiller

L'amour de Jésus est grand, l'amour de Jésus est miséricordieux, l'amour de Jésus pardonne. Mais tu dois t'ouvrir, et s'ouvrir signifie se repentir, s'accuser des choses mauvaises que nous avons faites. Le Seigneur

Jésus s'est donné et continue de se donner à nous, pour nous emplir de toute la miséricorde et de toute la grâce du Père. Nous pouvons devenir, en un sens, nos propres juges, en nous autocondamnant à être exclus de la communion avec Dieu et avec nos frères. Ne nous lassons pas de veiller sur nos pensées et nos comportements, et réjouissons-nous dès à présent de la chaleur et de la splendeur du visage de Dieu – et cela sera très beau – que, dans la vie éternelle, nous contemplerons dans toute sa plénitude. Avançons, en pensant à ce jugement qui commence maintenant, qui a déjà commencé. Avançons, en faisant en sorte que notre cœur s'ouvre à Jésus et à son salut. Avançons sans peur, car l'amour de Jésus est plus grand ; et si nous lui demandons pardon pour nos péchés, il nous pardonne. Jésus est ainsi. Alors avançons, forts de cette certitude qui nous mènera à la gloire du ciel !

Audience générale, 11 décembre 2013

Regarde le ciel !

Depuis que le Verbe s'est fait chair, il est possible de voir les cieux ouverts. Ce fut possible pour les bergers de Bethléem, pour les Mages d'Orient, pour Jean-Baptiste, pour les Apôtres de Jésus, pour saint Étienne, le premier martyr, qui s'exclama : « Je vois les cieux ouverts ! » (Ac 7, 56) Mais c'est pareillement possible pour chacun de nous, pour peu que nous laissions l'amour de Dieu nous envahir, amour qui nous est donné la première fois dans le baptême par le Saint-Esprit. Laissons-nous envahir par l'amour de Dieu ! C'est le moment de la grande miséricorde ! Ne l'oubliez pas : c'est le moment de la grande miséricorde !

Homélie, 12 janvier 2014

Miséricorde et espérance

Miséricorde : c'est le mot qui révèle le mystère de la sainte Trinité. Miséricorde : c'est l'acte ultime et suprême par lequel Dieu vient à notre rencontre. Miséricorde : c'est la loi fondamentale qui habite le cœur de chaque personne qui pose un regard sincère sur les frères qu'elle rencontre tout au long du chemin de la vie. Miséricorde : c'est la voie qui unit Dieu et l'homme, afin que ce dernier ouvre son cœur à l'espérance d'être aimé pour toujours malgré les limites de son péché.

Misericordiæ vultus, n° 2

Merci !

La joie chrétienne se trouve dans la prière. Elle vient de la prière, mais aussi de l'action de grâce à Dieu : « Merci, Seigneur, pour toutes ces belles choses ! » C'est douloureux de trouver des chrétiens à l'air amer, le visage marqué par l'animosité, qui ne sont pas en paix. Jamais, jamais un saint ou une sainte n'a affiché un visage funèbre, jamais ! Les saints ont toujours le visage de la joie. Ou tout au moins, dans la souffrance, le visage paisible. La plus grande souffrance, le martyre de Jésus. Il avait ce visage de paix et s'inquiétait pour les autres : pour sa mère, pour Jean, pour le larron… Il se préoccupait des autres.

Pour avoir cette joie chrétienne, il faut d'abord prier. Ensuite, rendre grâce. « Et comment je fais pour rendre grâce ? » « Souviens-toi de ta vie, et pense à toutes les bonnes choses qu'elle t'a données : il y en a tant. » « Mon père, c'est vrai, mais j'ai reçu beaucoup de mauvaises choses ! » « Oui, c'est vrai, cela arrive à tout le monde. Mais pense aux bonnes choses. » « J'ai eu une famille chrétienne, des parents chrétiens, grâce à Dieu j'ai un travail, ma famille ne souffre pas de la faim, nous sommes tous en bonne santé… » Je ne sais pas, vous avez tant, rendez grâce au Seigneur pour tout cela. Ainsi nous nous familiarisons avec la joie. Prier, rendre grâce.

Homélie, 14 décembre 2014

Le jugement dernier

L'approche du jugement dernier ne doit pas nous effrayer. Au contraire, cela nous incite à mieux vivre le présent. Dieu nous offre ce temps avec miséricorde et patience, afin que nous apprenions chaque jour à le reconnaître chez les pauvres et les plus jeunes, afin que nous œuvrions pour le bien et que nous soyons vigilants dans la prière et dans l'amour. Que le Seigneur, à la fin de notre existence et de l'histoire, puisse nous reconnaître comme des serviteurs bons et fidèles. Merci.

Audience générale, 24 avril 2013

Bénédiction

« Yhwh te bénit et te garde / Lumière de Yhwh sur toi / Grâce / Bienveillance de Yhwh sur toi / Paix. » (Nb 6, 24-26) Au commencement d'une nouvelle année, il est plus significatif que jamais de se rappeler ces paroles de bénédiction : elles accompagneront notre chemin pour le temps qui s'ouvre à nous. Ce sont des paroles de force, de courage, d'espérance. Non pas une espérance illusoire, basée sur de fragiles promesses humaines, ni une espérance naïve qui imagine un meilleur avenir simplement parce qu'il est l'avenir. Cette espérance a sa raison dans la bénédiction de Dieu, une bénédiction qui contient le souhait le plus grand, le souhait de l'Église pour chacun de nous, souhait empli de toute la protection affectueuse du Seigneur, de son aide providentielle.

Le souhait contenu dans cette bénédiction s'est pleinement réalisé en une femme, Marie, en la destinant à devenir la mère de Dieu, et il s'est réalisé en elle avant de s'accomplir en toute créature.

Homélie, 1er janvier 2014

Le meilleur des vins n'est pas encore arrivé

C'est la bonne nouvelle : le meilleur des vins n'a pas encore été bu. Le plus agréable, le plus profond et le plus beau pour la famille restent à venir. Le temps reste à venir, ce temps où nous savourerons l'amour au quotidien, où nos enfants redécouvriront l'espace que nous partageons et où les personnes âgées seront présentes dans la joie d'être ensemble. Le vin meilleur est « espéré ». Il doit venir pour chaque personne qui accepte les risques de l'amour, qui accepte de s'exposer aux dangers pour aimer. Et le meilleur des vins reste à venir, même si toutes les données et les statistiques possibles affirment le contraire. Le vin meilleur va venir pour ceux qui, aujourd'hui, voient tout s'écrouler. Chuchotez-le jusqu'à vous en convaincre : le meilleur vin va venir. Que chacun le murmure dans son cœur : le meilleur des vins va venir. Chuchotez-le aussi aux désespérés et aux mal-aimés : soyez patients, espérez, faites comme Marie, priez, agissez, ouvrez votre cœur, car le meilleur de tous les vins va venir. Dieu s'approche toujours de ceux qui sont dépourvus de vin, de ceux qui n'ont rien d'autre à boire que le découragement. Jésus préfère servir le meilleur vin à ceux qui, pour une raison ou une autre, pensent avoir déjà cassé toutes leurs cruches.

Homélie, 6 juillet 2015

Par où devons-nous commencer ?

Une fois, on a demandé à Mère Teresa de Calcutta ce qu'il fallait changer dans l'Église, et par où commencer. Quel mur rebâtir en premier. « Par toi et par moi ! » a répondu Mère Teresa. Quelle femme déterminée ! Elle savait par où commencer. Aujourd'hui, à mon tour, je relaie les mots de Mère Teresa pour te demander : nous commençons ? Par où ? Par toi et par moi ! Que chacun se pose une nouvelle fois la question en silence : si je devais commencer par moi, par où commencerais-je ? Que chacun ouvre son cœur afin que Jésus lui dise par où commencer.

Discours, 27 juillet 2013

Annexes

Prières pour un joyeux Noël

À la sainte Famille

Jésus, Marie et Joseph,
en vous nous contemplons
la splendeur de l'amour véritable,
vers vous, nous nous tournons avec confiance.
Sainte Famille de Nazareth,
fais aussi de nos familles
des lieux de communion et des cénacles de prière,
des écoles authentiques de l'Évangile
et des petites églises domestiques.
Sainte Famille de Nazareth,
que les familles ne vivent jamais plus
dans la violence, la fermeture et la division :
que quiconque a été blessé ou scandalisé
connaisse rapidement consolation et guérison.
Jésus, Marie et Joseph,
écoutez-nous, exaucez notre prière.
Amen.

Angélus, 29 décembre 2013

Je veux être fécond

Seigneur, je veux être fécond.
Je veux que ma vie engendre la vie,
que ma foi soit féconde
et me fasse avancer.
Je veux aussi pouvoir la donner aux autres.
Seigneur, je suis stérile ;
je ne peux pas, toi tu peux.
Je suis un désert ;
je ne peux pas, toi tu peux.
Ô Fils de David, ô Adonaï, ô Sagesse
ô Rameau de Jessé, ô Emmanuel,
viens nous donner la vie,
viens nous sauver,
car toi seul peux,
moi, seul, je ne peux pas.

Homélie, Sainte-Marthe, 19 décembre 2013

Les prophètes ne manquent pas !

Seigneur, les prophètes ne manquent pas dans ton peuple.
Nous tous baptisés sommes prophètes.
Seigneur, que nous n'oubliions pas ta promesse ;
que nous ne nous lassions pas d'avancer ;
que nous ne nous enfermions pas dans une légalité qui ferme les portes.
Seigneur, libère ton peuple
de l'esprit du cléricalisme
et aide-le avec l'esprit de prophétie.

Homélie, Sainte-Marthe, 16 décembre 2013

Apprends-nous !

Ô Marie, mère de Jésus,
toi qui as accueilli, apprends-nous à accueillir.
Toi qui as adoré, apprends-nous à adorer.
Toi qui as suivi, apprends-nous à suivre. Amen.

Homélie, Bethléem, 25 mai 2014

À Marie, Mère du chemin

Ave, Maria…
Seigneur, tu as laissé ta Mère parmi nous
afin qu'elle nous accompagne.
Qu'elle prenne soin de nous et nous protège sur notre chemin, dans notre cœur, dans notre foi.
Qu'elle fasse de nous des disciples comme elle l'a été,
et des missionnaires comme elle l'a été aussi.
Qu'elle nous enseigne à sortir par les routes.
Qu'elle nous enseigne à sortir de nous-mêmes.
Que, par sa mansuétude, par sa paix,
elle nous indique le chemin.

Discours, 25 juillet 2015

À la Vierge Mère du Christ et des peuples

Vierge et Mère Marie,
toi qui, mue par l'Esprit,
as accueilli le Verbe de la vie
dans la profondeur de ta foi humble,
totalement abandonnée à l'Éternel,
aide-nous à dire notre « oui »
dans l'urgence, plus que jamais pressante,
de faire retentir la Bonne Nouvelle de Jésus.
Toi, remplie de la présence du Christ,
tu as porté la joie à Jean-Baptiste,
le faisant exulter dans le sein de sa mère.
Toi, tressaillant de joie,

tu as chanté les merveilles du Seigneur.
Toi, qui es restée ferme devant la Croix
avec une foi inébranlable
et as reçu la joyeuse consolation de la Résurrection,
tu as réuni les disciples dans l'attente de l'Esprit
afin que naisse l'Église évangélisatrice.
Obtiens-nous maintenant une nouvelle ardeur de ressuscités
pour porter à tous l'Évangile de la vie
qui triomphe de la mort.
Donne-nous la sainte audace de chercher de nouvelles voies pour que parvienne à tous
le don de la beauté qui ne se ternit pas.
Toi, Vierge de l'écoute et de la contemplation,
mère du bel amour, épouse des noces éternelles,
intercède pour l'Église, dont tu es l'icône très pure,
afin qu'elle ne s'enferme jamais, et jamais ne s'arrête
dans sa passion pour instaurer le Royaume.
Étoile de la nouvelle évangélisation,
aide-nous à rayonner par le témoignage de la communion,
du service, de la foi ardente et généreuse,
de la justice et de l'amour pour les pauvres,
pour que la joie de l'Évangile
parvienne jusqu'aux confins de la terre
et qu'aucune périphérie ne soit privée de sa lumière.
Mère de l'Évangile vivant,
source de joie pour les petits,
prie pour nous.
Amen. Alléluia.

Evangelii gaudium, n° 288

Prière à l'Immaculée

Vierge sainte et immaculée,
à toi, qui es l'honneur de notre peuple
et la gardienne prévenante de notre cité,
nous nous adressons avec confiance et amour.
Tu es la Toute Belle, ô Marie !
Le péché n'est pas en toi.
Suscite en nous tous un désir renouvelé de sainteté :
que la splendeur de la vérité brille dans nos paroles,
que le chant de la charité résonne dans nos œuvres,
que pureté et chasteté habitent notre corps et notre cœur,
que toute la beauté de l'Évangile soit présente dans notre vie.
Tu es la Toute Belle, ô Marie !
La parole de Dieu s'est faite chair en toi.
Aide-nous à demeurer attentifs à la voix du Seigneur :
que les cris des pauvres ne nous laissent jamais indifférents,
que jamais nous ne nous détournions
de la souffrance des malades et des nécessiteux,
que la solitude des aînés et la fragilité des enfants
nous émeuvent,
que chaque vie humaine soit toujours aimée et vénérée par nous tous.
Tu es la Toute Belle, ô Marie !
En toi se trouve la joie absolue de la vie bienheureuse avec Dieu.
Fais que nous ne perdions pas le sens

de notre chemin sur la terre :
que la douce lumière de la foi éclaire nos journées,
que la force consolatrice de l'espérance oriente nos pas,
que la chaleur contagieuse de l'amour anime notre cœur,
que nos yeux à tous restent bien fixés là, en Dieu, où se trouve la vraie joie.
Tu es la Toute Belle, ô Marie !
Écoute notre prière, exauce notre supplication :
que la beauté de l'amour miséricordieux de Dieu en Jésus soit en nous,
que cette divine beauté
nous sauve, sauve notre cité, le monde entier.
Amen.

Solennité à l'Immaculée, 2013

À la Mère de la foi

Ô Mère, aide notre foi !
Ouvre notre écoute à la Parole,
afin que nous reconnaissions la voix de Dieu et son appel.
Éveille en nous le désir de suivre ses pas,
afin que nous puissions le toucher par la foi.
Aide-nous à nous laisser toucher par son amour,
afin que nous puissions le toucher par la foi.
Aide-nous à nous en remettre à Lui,
à croire en son amour,
surtout dans les moments de tribulations et de croix,

quand notre foi est appelée à mûrir.
Sème la joie du Ressuscité dans notre foi.
Rappelle-nous que celui qui croit n'est jamais seul.
Enseigne-nous à regarder avec les yeux de Jésus,
Pour qu'Il soit lumière sur notre chemin.
Et que cette lumière de la foi grandisse toujours en nous,
jusqu'à l'arrivée du jour sans couchant,
qui est le Christ même, ton fils, notre Seigneur !

Lumen fidei, n° 60

À l'Enfant de Bethléem, pour toute l'humanité

Ô Enfant de Bethléem,
touche le cœur de tous ceux qui sont impliqués
dans la traite des êtres humains,
afin qu'ils se rendent compte
de la gravité de leur délit contre l'humanité.
Tourne ton regard vers tous ces enfants
qui sont enlevés, blessés et tués
dans les conflits armés,
et vers tous ceux qui sont transformés en soldats,
privés de leur enfance.
Seigneur du Ciel et de la Terre,
regarde notre planète,
que la convoitise et l'avidité des hommes
exploitent sans discernement.

Message *Urbi et Orbi*, Noël 2013

Merci de ne pas nous avoir laissés orphelins

Merci, Seigneur, d'être avec nous aujourd'hui.
Merci, Seigneur, de partager nos souffrances.
Merci, Seigneur, de nous donner l'espérance.
Merci, Seigneur, pour ta grande miséricorde.
Merci, Seigneur, d'avoir voulu être comme l'un de nous.
Merci, Seigneur, d'être toujours auprès de nous,
même dans les moments de croix.
Merci, Seigneur, de nous donner l'espérance.
Seigneur, que l'espérance ne nous soit pas volée !
Merci, Seigneur, car dans les moments les plus sombres de ta vie,
sur la croix, tu t'es souvenu de nous
et tu nous as laissé une mère.
Merci, Seigneur, de ne pas nous avoir laissés orphelins.

Homélie, 17 janvier 2015

Tu es un scandale !

Seigneur.
Tu es un scandale.
Tu es un scandale :
le scandale de la Croix.
Une Croix qui est humilité, indulgence.
Une Croix qui nous parle de la proximité de Dieu.

Discours, 25 juillet 2015

Apprends-nous à rêver

Seigneur Jésus, je te rends grâce parce que je suis ici.
Je te rends grâce de m'avoir donné des frères
qui t'ont rencontré, Jésus,
qui te connaissent, Jésus,
Qui savent que toi, leur Dieu, tu es leur force.
Jésus, je te prie pour les garçons et les filles
qui ne savent pas que tu es leur force,
et qui ont peur de vivre,
peur d'être heureux,
qui ont peur de rêver.
Jésus, apprends-nous à rêver,
à rêver de grandes choses, de belles choses,
de choses qui semblent parfois quotidiennes,
mais qui agrandissent le cœur.
Seigneur Jésus, donne-nous la force,
donne-nous un cœur libre,
donne-nous l'espérance,
donne-nous l'amour,
et apprends-nous à servir. Amen.

Discours, 12 juillet 2015

Prière pour notre terre

Dieu Tout-Puissant,
qui es présent dans tout l'univers
et dans la plus petite de tes créatures,
toi qui entoures de ta tendresse

tout ce qui existe,
répands sur nous la force de ton amour
afin que nous prenions soin
de la vie et de la beauté.
Inonde-nous de paix, pour que nous vivions comme frères et sœurs
sans nuire à personne.
Ô Dieu des pauvres,
aide-nous à secourir les abandonnés
et les oubliés de cette terre
qui ont tant de valeur à tes yeux.
Guéris nos vies,
afin que nous protégions le monde au lieu de le piller,
pour que nous semions la beauté
et non la pollution et la destruction.
Touche les cœurs
de tous ceux qui courent après le profit
aux dépens des pauvres et de la terre.
Apprends-nous à découvrir la valeur de toute chose,
à contempler avec émerveillement,
à reconnaître que nous sommes profondément unis
à toutes les créatures
sur notre chemin vers ta lumière infinie.
Merci d'être avec nous tous les jours.
Soutiens-nous, nous t'en prions, dans notre combat
pour la justice, l'amour et la paix.

Laudato si' (lettre encyclique), n° 246

Prière chrétienne à la création

Nous te louons, Père, et toutes tes créatures
sorties de ta main puissante.
Elles sont tiennes, emplies de ta présence
et de ta tendresse.
Loué sois-tu !
Fils de Dieu, Jésus,
tout a été créé par toi.
Tu t'es formé dans le sein maternel de Marie,
tu as fait partie de cette terre,
tu as posé sur ce monde un regard humain.
Aujourd'hui, tu vis en chaque créature
dans ta gloire de Ressuscité.
Loué sois-tu !
Esprit Saint, tu orientes par ta lumière
ce monde vers l'amour du Père.
Tu accompagnes le gémissement de la création,
et tu vis également dans nos cœurs
pour nous inciter au bien.
Loué sois-tu !
Seigneur Dieu, Un et Trine,
communauté sublime d'amour infini,
apprends-nous à te contempler
dans la beauté de l'univers,
où tout nous parle de toi.
Éveille notre éloge et notre gratitude
envers chaque être de ta création.
Accorde-nous la grâce de nous sentir intimement unis
à tout ce qui existe.

Dieu d'amour, montre-nous notre place dans ce monde
en tant qu'instruments de ton affection,
comme pour tous les êtres de cette terre,
car tu n'oublies aucun d'eux.
Éclaire les détenteurs du pouvoir et de l'argent,
afin qu'ils se gardent du péché de l'indifférence,
qu'ils aiment le bien commun, promeuvent les faibles,
et prennent soin de ce monde que nous habitons.
Les pauvres et la terre t'implorent :
Seigneur, saisis-nous par ta puissance et ta lumière,
protège chaque vie,
prépare un avenir meilleur,
pour que vienne ton Royaume
de justice, de paix, d'amour et de beauté.
Loué sois-tu !
Amen.

Laudato si' (lettre encyclique), n° 246

Prière du Jubilé de la Miséricorde

Seigneur Jésus-Christ,
toi qui nous as appris à être miséricordieux
comme le Père céleste,
et nous as dit que te voir, c'est *le* voir,
montre-nous ton visage et nous serons sauvés.
Son regard rempli d'amour a libéré Zachée et Matthieu
de l'esclavage de l'argent ;

la femme adultère et Madeleine du bonheur placé sur une unique créature ;
tu as fait pleurer Pierre après son reniement,
et promis le paradis au larron repenti.
Fais que chacun de nous écoute, comme s'ils lui étaient destinés,
ces mots que tu as adressés à la Samaritaine :
Si tu connaissais le don de Dieu !

Tu es le visage visible du Père invisible,
du Dieu qui manifeste sa Toute-Puissance
surtout par le pardon et la miséricorde :
fais que l'Église soit dans le monde ton visage visible,
celui de son Seigneur ressuscité dans la gloire.
Tu as voulu que tes serviteurs
soient eux aussi revêtus de faiblesse
afin d'éprouver une véritable compassion
à l'égard de ceux qui sont dans l'ignorance et dans le faux :
fais que quiconque s'adresse à l'un d'eux
se sente attendu, aimé et pardonné par Dieu.

Envoie ton Esprit et consacre-nous de ton onction
pour que le jubilé de la miséricorde
soit une année de grâce du Seigneur,
et que ton Église, avec un enthousiasme renouvelé,
annonce la Bonne Nouvelle aux pauvres,
aux prisonniers et aux opprimés qu'ils sont libres,
et aux aveugles qu'ils retrouvent la vue.

Nous te le demandons par Marie,
Mère de la Miséricorde,
à toi qui vis et règnes avec le Père et le Saint-Esprit,
pour les siècles des siècles.
Amen.

Table des matières

Mise en pages par

PRESS·PROD

Imprimé en Espagne
Dépôt légal : octobre 2016
ISBN : 978-2-7499-3101-2
LAF 2286